満足する人間社会の創造

池内守厚
Ikeuchi, Moriatsu

Creating a Satisfying Human Society

東京　白桃書房　神田

まえがき

資本主義は自由な競争や貿易で経済的繁栄を目指すグローバル化の経済活動である。地域や国を越えて、グローバルで果てしなく経済活動が拡大していくことを想定している。しかし、一方で、近年、不平等・格差社会の広がりや移民の排除、白人至上主義、宗教対立、さらに表面的には大衆に迎合しているように見えるポピュリズムが世界レベルで広がってきた。他方で、国家主義・自国優先主義が急速に蔓延してきた。国民レベルだけではなく、国家レベルでも利己主義が広がりつつある。このような利己主義の広がりは、国民や国家間を右か左かといった極端な二者択一を迫る風潮を拡大していく。

ポピュリズム自体、個々人の自由意思を尊重し、活かすというものであるならば大切なことであり、有意義なことでもある。ポピュリズムが民主的な手法だといわれる所以《ゆえん》でもある。しかし、今日使われているポピュリズムは、大衆に、対象となるテーマの内容や影響や結果について十分な情報を提供せずに、大衆の利益や権利、願望を誇張し、不安や恐れを煽《あお》って、極端な二者択一を迫り、支持を得ようとする政治手法となっている。

現代いわれるところのポピュリズムが、利己主義にもとづいた無責任な大衆操作にもとづいたポピュリズムでは、個々人の自由意思が尊重され活かされているとは言いがたい。自由と責任（制約）は、常に表裏一体の関係にある。個々人のもつ自由意思は、いつでも、どこでも、いつまでも個々人の内に付随するものであり、自律的なものであり、かつ責任を伴うものである。個々人の自由意思は、想像性や将来の創造性に適用され、活かされるべきものである。このような個々人ばかりではなく、政府や企業はもちろんのこと、常に自由と責任を表裏一体の関係として合わせもつということを再認識すべきである。

自由主義経済は、個別経済レベルでは、私有財産制を基礎に自由競争を支柱とし、極大利潤を目指してきた。しかしアメリカに始まった一九二九年以降の世界大恐慌によってニューディール政策（一九三三〜）、つまり政府が市場経済に積極的に関与する政策（公共事業の実施など）がとられるようになった。その後、自由主義経済の枠内で、社会の矛盾を解決しようという修正資本主義が生成された。修正資本主義にもとづく企業論では適正利潤や最終目標として「存続と成長」が主張されるようになった。これは制度主義（modified capitalism）であり、社会の変化を取り入れ、社会制度としての企業を徐々に変化させ、その企業そのものを維持・発展させようとするものである。

近年では、資本主義の限界からの脱却の方法として、自国優先主義と相まって新自由主義（neo-liberalism）を目指す国々が増えている。この新自由主義は、市場の競争条件を利用し、価格の自由な動きに基本的な信頼を置こうとする考え方である。しかし、実際には歪《ひずみ》が生じてきている。この新自由主義つまりネオリベラリズムは金利を引き下げ、資金の流通量を増やし、企業や個人が資金を借りやすくし投資を促進させ、経済成長・経済拡大を促《うなが》し、株価の上昇・物価の価格上昇・賃金の上昇へと導こうという考え方である。結果として、税収を拡大させ、インフレ・スパイラルが右廻りに動くようにし、資本主義本来の動きが醸成されるというメルクマールをもっていた。

ただ予期せぬ結果を生み出すこともあることも分かった。賃金が全体として上昇せず、つまり賃金上昇が物価上昇に比例せず、中流階層を占める人びとが減り、賃金上昇や高賃金を享受している一部の人びとが上流階層に集中する一方で、下流階層の多くの人びとの賃金は維持ないしは減少傾向を生み出している。いわゆる格差社会の拡大である。自己破産や生活保護を受けている人びとの増加などから見ても明らかである。これらの人びとを補助する元となるのが税金（税収）である。高齢者の増加による医療費の上昇なども相まって、ますます財政を圧迫することになる。このような財政を圧迫するようなことをいつまでも続けていいとは限らない。その他にも予期せぬ結果として、株価や土地の急激な上昇を招き、いわゆるバブルを内包した経済成長が生成されていく危険がある。

　われわれは、まず、ある一定の福祉政策を維持しながら、安定成長の維持、さらにすべての人びととの共生的関係を構築する必要性を感ずる。そのためにも平等主義を標榜してきた、わが国の政策に反する考え方を受け入れるわけにはいかない。もし、このまま放置すれば、右派と左派、上層と下層の対立を激化させ、相互不信を増幅させ、分断された社会に逆戻りさせることになり、貧困層をますます増大させる社会になろう。

　行き過ぎた格差や、行き過ぎた平等主義は従業員や国民のやる気を削《そ》いでしまうことになる。例えば、行き過ぎた格差は、大衆の中に競争を失わせ、あきらめを増幅させる。また行き過ぎた平等主義は努力をしなくても同じ結果が得られるならば努力をしようという意欲を衰退させる。

　完全雇用や雇用が改善したからといっても、その中身が問題なのであって、全体的な賃金上昇を抑えたり、賃金を引き下げたりすれば、数字上は完全雇用という政策は達成できる。雇用といっても、仕事の内容や賃金水準そのものが問題なのであって、一定水準の違いは容認しなければならない。その一定水準とは、それぞれの賃金によって自らの生活を守ることができるのか、個々人が満足できる生活を営むことができるかなどが問題である。量的な拡大を指向するデータのみに惑わされることなく個々人が心的満足を得ることができるような政策が要請される。

先にも述べたように、グローバル化は、世界規模で経済活動を拡大し、持続的な成長の試みであった。つまり自由主義経済は自由競争の世界的広がりを画策してきたのである。資本主義経済では私有財産制にもとづく自由競争を原理とすることから、強大な経済を誇る国々は、既得権益として自国の経済規模を守ろうと必死になっている。しかし、これらの国々も、歴史的にみてもいつまでも高い経済成長を維持できるとは限らない。

中国では政治レベルでは共産主義を標榜すると同時に、経済の分野では資本主義経済を取り入れようとしてきた。この資本主義経済の発展は、国民の生活水準の向上をもたらすが、それにつれて国民自らが自我に目覚め自らの考え方を主張するようになる。さらに持てるものと持たざるものとの格差が拡大する。経済成長が鈍化し、今の生活水準が維持できなくなる時には、このような国民の傾向は著しくなり、かつ表面化する。パイが小さくなればなるほど、稀少性の原理が働き、パイの取り合いは激しくなり、異物、例えば自分達の考え方や立場の違う人達を排除しようと対立は先鋭化する。移民や他の政党の人達を排除しようと対立が激化するのがその一例である。逆に、他の民族や宗教者に対しては、圧力を加え、その人達の自由を徹底的に弾圧しようとする。

中国では、政府による資本主義経済への関与も進んでいる。元来、資本主義の活動主体は個人や組織にある。したがって、個人や組織の主体的活動を排除すれば、それは資本主義ではなくなる。ただし、近年、資本主義社会でも、個人や企業活動に政治が関与を強めようとしている。なぜだろうか。経済への政治の関与は、資本主義の活力を削ぐことになりかねない。

元来、賃金などは各企業の実情に応じて分配されるものであるにもかかわらず、政府が賃上げや同一職業・同一賃金を要求したりすれば、レイオフなどを誘発させ、むしろ雇用問題が起きる。資本主義は、ある程度の相違と競争を維持しなければ、その存在価値を失う。

長い長い対立や競争の歴史の中で、スペイン、ポルトガル、イギリス、フランス、イタリアなど数多くの国々が普通の国となっていった。そして国と国との競争から共生へと舵をきってきた。一定の地域内での国家間のネットワークを促進させ、自国の地位を保持しようと互いの欠如する分野を補おうと、互いの関税引き下げなどによって自らの市場を拡大・維持しようという努力を傾注してきた。欧州連合（EU）、東南アジア諸国連合（ASEAN）、環太平洋経済連携協定（TPP）などがその事例である。これらにも適正規模があることを忘れてはならない。グローバル化をはじめ、各地域別の経済共同体は、その地域内では関税の引き下げなどによって輸出入が拡大し共に経済発展がはかられることを前提としていた。

本来、組織間ネットワークは相互に補完しあいながら、すべての層にチャンスを創り出す経済の量的成長ではなく、質的成長を目指すものである。量的拡大から質的転換を意図するものであるべきである。持続的な財源を確保し、物事を新しく考え出す、創意や勤労意欲を阻害しない、上下関係のない水平的な共創関係を目指す賢明な制度やネットワークであり、それらをつくることが最終目標である。

先進国経済は、実際、景気の長引く減速によって、人びとの不満は世界に蔓延し、世界レベル、地域レベル、さらに国家レベルの保護主義の機運が高まってきた。社会の人びとの不満を軽視して、物的・経済的成長だけを追った資本主義経済は限界にきている。社会を構成する人びとの共存・共生を、まずもって模索するべきである。さらに水平的な組織間ネットワークによる共生化・共創化を促進させることが必要であろう。これは国家間でも同じことがいえる。一国や一部の国だけが利益を一人占めするような極端な対立的・節度のない競争的資本主義の時代は終わらせるべきである。国家間や企業間の程良い競争と水平的な相互扶助・シェアリングの時代に突入したとみるべきであろう。このような状況に対応するのが、著者が主張するネットワーク理論である。

・私達は何を拠り所に、何に価値を見い出し生きていけば良いのだろう。その際、量的拡大を求めれば遅かれ早かれ、全体として衰退を招くことになる。量から質への転換とともに、拡大から、相互扶助、共生・共創の個人間、組織間・国家間のネットワークを追求しなければならないだろう。
・深層を理解すればするほど柔軟性が増し、明日が見えてくる。わたくし達の人生が見えてくる。何が大切かが見えてくる。
・われわれは、必ずくるだろう明日に備えておく必要がある。

本書を世に問うにあたって、多くの方々に感謝を述べさせて頂きたい。

私を経営学の道に導いて頂いた元駒澤大学経営学部教授・鈴木幸毅博士、大学院で御指導頂いた元一橋大学教授・古川栄一博士のお二人に、まずもって衷心より、感謝申し上げたい。

私の最初の就職先は、日本経済短期大学・現亜細亜大学短期大学部（一九七九年四月から一九八六年三月）であった。自由に溢れていた現職の関東学院大学経済学部および経営学部（一九一七年新設）は、一九八六年から三十年余りの長きにわたってお世話になっている。私の授業を受けて頂いた多くの学生諸君、多くの学部・大学院のゼミナリステンには、特に感謝したい。彼らは私に生き甲斐を与えてくれた。私の研究課題にも多くのサジェスチョンを与えてくれた。正に「教えることは教えられることである」（古川栄一博士談）

また、多くの大学・大学院で非常勤講師を勤めさせて頂いた。国士館大学（一九八七年四月から一九八八年三月）、駒澤大学（一九八八年四月から一九九一年三月）、中央大学（一九九七年四月から二〇〇三年三月）、青山学院大学（二〇〇〇年四月から二〇〇一年三月、二〇〇三年四月から二〇一二年三月）の各校および御紹介頂いた先生方の御配慮に感謝申し上げたい。また台湾の東海大学（一九九三年八月から一九九四年七月）で客座副教授（日本式管理担当）を勤めさせて頂いた。当時の学生諸君の顔が、今でも想い出される。

さらに、一九八七年からお世話になっている工業経営研究学会の先達の諸先生方の御指導の御陰で、『ものづくりは人づくり』（二〇一四年）にまとめ上げることができた。また、二〇〇四年には、当時学会より学会賞（対象業績『トップリーダーの役割——企業進化とネットワーク経営』）を受賞した。この受賞も、御推薦して頂いた先生に、この場をお借りして御礼申し上げたい。

四十年余りの教員生活、決して平坦な道ではなかった。事あるごとに、その都度、多くの方々に助けられて、ここまでこられた。自分一人だけでは何もできなかった。多くの方々の協力なしには、その時々の決断も頓挫していたかもしれない。

最後になりましたが、本書の刊行に対し、関東学院大学経済経営学会より出版補助を受けたことを記して感謝したい。さらに、白桃書房の代表取締役社長大矢栄一郎氏とともに編集部佐藤円氏に衷心より感謝申し上げたい。

目　次

まえがき……i

第Ⅰ章　個人と現代社会……1

1　個々人の満足度……4

2　現代社会の将来ビジョン……12

第Ⅱ章　変化する社会システム……23

1　歴史主義と変化……24

2　個別主体と社会システム……29

第Ⅲ章　人間社会の転換……35
1　転機に立つ人間社会……37
2　世界システムと将来の変化……39
第Ⅳ章　生命と生物の進化……45
1　市場経済と生命体の本質……47
2　生物・市場経済・社会の進化と多様性……51
第Ⅴ章　社会の変化と根本原理……61
1　西洋哲学と東洋哲学……63

2　人間存在と変化の原理……67

第Ⅵ章　日本的生き方……75

1　東洋的自然観と道教……76
2　儒教と倫理道徳……80

第Ⅶ章　未来の創造……87

1　継続と変革……88
2　企業経営の行動と文化……92
3　経営管理責任の2つの側面……99

第Ⅷ章　倫理と将来ビジョン……107

1　西洋と東洋の倫理と人間……109
2　ビジョナリー・カンパニー……112
3　ビジョンと組織の一体化……117

あとがき……129

第I章

個人と現代社会

わが国の現代社会では、資本主義経済の量的限界点に到達しつつあること、消費経済が耐久消費財をはじめとして、多くは買い替え需要に限定されていること、消費者の価値観がモノからコト（こだわり）へと変化しつつあること、生活に密着した技術開発・製品開発が限界点に到達しつつあること（これ以上の便利さは必要なのか、買うものがない）、地球環境の温暖化による人間社会の極端な環境変化が起きており、われわれの社会生活が脅かされていること、インフラの老朽化（橋や道路、公共施設などの老朽化）など多くの変化が極端なカタチで表面化しつつある。

これらの課題に対応するにはサステナブルな新しい知識や技術、企業、産業、経済を創造しなければならない。まずもって、私達の生活にとって必要不可欠なモノとは何かをじっくり見極め、それに焦点を合わせて対処すべきである。さらに、これまでの資本主義や社会主義（計画経済）を超越した経済思想・システムを創造しなければならない。それをわれわれは「中庸思想」と呼ぶことにしたい。

これらを実現するために、守るべき基本理念として①人間を自由意思をもった、自律した創造力のある人間（自立・自律・独創性）として捉える「人間主義」、②企業が社会の一員としての責任を果たすべきだという「市民主義」、③サステナビリティのある環境を維持しようとする「環境主義」が要求される。

これらの人間主義、市民主義、環境主義を標榜し実施することによって、企業は社会から認可される素地が生成される。

企業は社会の一員として社会の問題を解決すべき責任を負っている。特に従業員や顧客に対しては満足を提供する努力を第一に考えるべきである。社会制度としての企業が積極的に社会問題の解決に自らが取り組むことで持続的な成果の創造が可能になるだろう。企業は社会の範として行動することで社会からの信頼を得ることができる。

社会学や経営学といった社会科学の基本は人間（human being）である。人間の研究から始まり、人間の研究で終わる。人びとが満足しない企業経営や制度・組織といった社会システムは何の意味ももたない。社会のリーダーは人間や国民（従業員・消費者）に対してどのように対処するかによって、そのリーダーの価値が決まる。このリーダーの価値を決めるのは、国民（従業員・消費者）である。他方、近年の先進諸国の課題の高度化によって、国民自身も、どちらが正しいか決められず、迷っているという現状もある。だからといって、決して独《ひと》り善《よ》がりのリーダーを求めているわけではない。この点に関し、現代の多くのリーダーは、国民を自由に操《あやつ》れるとさえ思っている。だから、国民に対して今日的課題に関わる情報、内容、将来等に関して説明したり、説得したりしようとしない。当然、納得してもらおうなどとは思っていない。ますます、トップダウンの命令や指令といった傾向を強めつつある。それゆえに、個々人は、自らの問題の解決策が見つからず、時間的・経済的に追い込まれ、精神的圧迫を受けている。それゆえに、一九三〇年代のように、もう一度、社会の原点に回帰し、人間や個々人を一人ひとりを見直すことが必要である。そのうえで人間社会を、もう一度、組み立て直すことが必要である。

1●個々人の満足度

仏経済人ミシェル・アルベールは九〇年代初めに、米英に顕著な「市場原理」を重視するアングロサクソン型と、ドイツや日本で一般的な「社会性」を重んじるライン型のモデルに分類した。[1]

アメリカにおいても社会性を重んじる企業を社会制度として捉える制度学派が存在するのも事実である。このように「市場原理」を重視するか、「社会性」を重んじるかは、その経営を大きく変化させる。社会制度としての企業という立場からは、水物《ミズモノ》である市場原理にすべてを委ねるわけにはいかない。むしろ社会を構成する一人ひとりの「欲求」や「満足度」に応じた社会の動きをみて企業経営のイノベーションを考えるべきである。

したがって「生産性」もそこで働く人びとの「能率」つまり個々人の「満足度」の高さに裏づけられたものでなければならない。ここでいう満足度とは、各個人の価値観にもとづいており、賃金や社会的地位、職場の人間関係だけではなく、仕事そのものに対する満足度、自社のマネジメントへの信頼度などからなる。この満足度が高いということは、所属する職場や組織に対して愛着（愛社精神）を感じ、自ら進んで改善活動（QCサークルなど）や提案活動を行い、品質の向上、作業のしやすさなどを追求するようになる。「品質の向上」は、不良品の低減やコストの低下による価格の引き下げを実現でき、市場や消費者の信頼を確保することができる。ひいては合理化や生産性向上にも貢献できるようになる。

これまでの成長持続の源泉は「生産性」であった。生産性が上がれば賃金も上がり、国民の可処分所得も上がり、消費経済が拡大し、税収も膨らみ公共投資も活発化していくことによって、右廻りの経済拡大が可能になると考えられてきた。国民一人ひとりの持続的賃金拡大が経済発展の基礎をなしていた。近年では、賃金の額よりも残業などを減らし、生産性を上げようという動きが見られる。過労死をするほど働く時間を延長しようとするのは決していいとは思わない。仕事量が減らなければ、残業時間を規制するだけでは自宅や社外でサービス残業をやらざるをえない。

日本企業における仕事の幅や量はその境界があいまいであるため、仕事のできる人は仕事の幅や量が膨張していく。能力主義や成果主義が徐々に浸透していく中では、できる人は仕事の量や幅がますます増大する。それに対し、できない人は仕事の量や幅が減り、賃金が下がり、ひいては首切りの対象となる。パートを増やし、正社員を減らしていこうという傾向もみられる。さらに正社員の賃金も頭打ちの傾向が見られる。

教育機関では、教育業務以外の仕事がますます増えているという。上の機関への報告書の作成やポイント数を増やすための業務が増えているといわれている。特に教育や専門職機関では、本来の教育や研究時間の確保は待ったなしの状況にある。専門職は実際に仕事をしている時間や量だけでは、単純に測ったり、比較することは不可能である。専門職の人たちを成果だけで測るのも容易ではない。専門職の人びとの評価は、単に量や時間では推《お》し量《はか》れない。質的な評価が要求される。したがって働く人びとを評価する場合、量的評価だけではなく、次のステップとして質的評価が必要である。しかし、この質的評価の場合、評価する側の主観が介在する可能性を完全には否定できない。

次に、わが国の資本主義社会について量的視点と質的視点の両者から分析してみたい。わが国の資本主義社会は、これまで量的な成長のみを求めてきた。わが国は出生率の低下や人口の減少、人口の高齢化・労働者の高齢化、賃金の実質的な頭打ちなどによって、消費経済が量的に減少している。このような現象は進行していくだろうし、今後も続くだろう。人口が減少している、だから出生率を高めれば良いというのは、あまりにも一方的で、短絡的で、量的な議論である。今こそ量的拡大社会から質的社会に転換する必要があるだろう。

今や、このような量的な成長至上主義と決別すべき時機が来ている。チェコの経済学者であるトーマス・セドラチェクによれば、金融緩和政策と財政支出によって一時的には経済成長を速められるかもしれない。しかし、もはや限界だとして成長至上主義との決別を提案している[2)]。

わが国でも財政・金融政策によって、需要を人工的につくり出そうとしている。他方、国内総生産（ＧＤＰ）の二〇〇％超の政府債務があり、マイナスの金利政策が底をついた。日本は地球上で最も豊かにみえるのに、さらになぜ経済成長しなければならないのか。これからは安定した社会の富を分け合えばよいのではないかと、トーマス・セドラチェクは提案している。さらに同氏は資本主義と民主主義の価値は「自由」であり、「成長」ではないという。そして、政治のパフォーマンスを経済成長率で評価するのではなく、国の予算をどう使ったかを測定し、「財政」を安定させるかどうかを評価の対象とすべきだと主張する[3)]。

まさに、わが国の財政は借金まみれであり、健全化を急ぐ必要がある。他の国から信用を失えば、為替、株価、長期金利などに多大な影響を被《こうむ》りかねない。

ここで問わなければならないのは、従業員や消費者を中心に、国民が求める「豊かさ」とは何か？ということである。モノに付随する物的・経済的豊かさなのか、それともコトに付随する心の豊かさや満足なのか、または両者の適度な水準を求めるのかということが問われるべきである。

経済成長も量的拡大ではなく「中身・質」が問われている。国民レベルでいえば「心の豊かさ」「満足度」などが問われているのではなかろうか。

「人間は、どうすれば幸福な人生を送れるのか？」。経済成長を前提に組み立てられている現代社会を幸福・豊かさ・満足度などにより組み直す必要がある。このような質的議論は、「働き方」を変えていくことに繋がる議論へと展開される。

仕事は「集団」で行われるものと「個人」単位で行われるものとがある。情報技術（IT）や人工知能（AI）によって個人レベルの仕事が増えてきているのは確かなようである。横の繋がりのある協力的で集団的な仕事はモノづくりの世界ではあたりまえであったが、技術の発展によって自動化（自働化）が進む一方で、人と機械の関係も変化し、機械自体の独立化（自立化・自律化）が進行し、機械に付随してきた人と人との関係も分断されるようになってきた。

人と人との関係が分断される中で、人びとは自らが望む創造的な仕事に就けるようになるだろうか。各個人は情報ネット化の進行によって、自分を表現できる場が増えるだろうか。もし、このような創造的な仕事や自分を表現できる仕事に就くことになれば、われわれは「幸せ」を享受することができるようになるだろう。

国際機関の経済協力開発機構（ＯＥＣＤ）によれば、幸福度・国民の満足度の指標が明らかにされた。経済的な豊かさは国内総生産（ＧＤＰ）が高い国でも必ずしも国民が幸せとは感じていない。つまり満足度が高いとは限らない。日本は豊かなはずなのに、なぜ自殺やうつ病が多いのだろうか。日本は生活水準や医療（健康）には満足しているものの、人と人との繋がりの稀薄化や核家族化などによって、心理的・社会的満足度が低下しつつある。わが国では、都市化が進んだ地域ほど、人びとは他者に寛容でなくなり、他者との軋轢《あつれき》といった負の感情が多いようである。多くの人びとが精神的余裕をなくし、さらに人間不信に陥っているようにも見うけられる。家族関係なども稀薄化つまり核家族化が進行している。独居老人も増えている。パソコンの普及によって従業員間関係なども稀薄化してきている。

このような幸せ度は、主観的であるがゆえに、比較の基準とはなりえないといった考え方もある。一定の基準づくり自体も簡単ではないし、その基準の有効性もなかなか測りえない。この幸せ度は客観的ではないがゆえに、社会科学の対象とはなりえないなどといった単純な議論ではない。経営学では、むしろ主観や直観といった、これまで等閑視されてきた側面に直接、光を当てなければならない。この第Ⅰ章では、幸福度・満足度の背景を分析することにしたい。

われわれの生活は①物的生活（経済的生活）つまりモノに付随した物的・経済的満足度と、②精神的生活（心理的生活）つまりコト（こだわり）に付随した精神的満足度・心理的満足度とに2分される。基本的には、各個人の主観である「満足度」を上げるには、従業員の仕事の内容・賃金・社会的地位などに満足していること、自分の存在が評価され、必要とされることによってモラール（やる気）が高くなり、満足度も上がってくる。

このような個々人の満足度が上がれば、能率が上がり、生産性も上がる。この生産性を上げるには、品質の向上、作業の効率化、不良品の減少などによるコスト低減に起因する。この品質向上、作業の効率化、不良品の減少などは個々人の満足度によって達成しうる。

さらに消費者の購買行動も個々人の価値観や満足度を背景にもつ。「モノの時代」は賃上げによって購買意欲が高まり、需要が向上し、売り上げが伸び、物価が上昇し、利上げの可能性も高まるという見方が一般的であった。しかし各個人の価値観に依拠する「コト（こだわり）の時代」、つまり各個人の満足度や幸福度は賃金を上げれば購買意欲が向上するとは限らないし、個々人が価値を見い出し、必要性を感じない限り購入には結びつかない。

このような各個人の満足度や幸福度の背景について考察してみよう。経済的に豊かな日本でなぜ自殺やうつ病が多いのか、といったことに関係して、わが国独特の課題について考えてみよう。わが国の場合、人びとは将来への生活上の不安も大きな要素ではないだろうか。年金の減少や病気による医療費の増大への不安を無視して幸福度や満足度を語ることはできない。現代社会の出発点と終着点は個々人の満足度である。

2●現代社会の将来ビジョン

われわれが生活する社会は、実にさまざまな環境変化に見舞われてきた。社会は常に動態的である。現代社会は、主として、これまで以下のような変化を遂げてきた。

(a)以前の「安定社会」では、企業が人びとに仕事を与え、賃金を支払い、物的生活を保証すれば、経済規模も拡大し、経済的で物質的な生活は安定していった。一九八〇年代には、多くの人びとが中流意識をもち、個人個人の満足度は高かった。

(b)経済社会が規模拡大から、賃上げも頭打ちとなり、生産性向上のためという名目のもとに、工場やオフィスでは機械化・自動化（自働化）が追求され、人減らしが進められ、団塊の世代の退職が進められた。「生産≧需要」の関係、いわゆる「成熟社会」が進んでいった。つまり、生産しても需要が伸びず、売れ残り、製品価格の下落が進んでいった。

(c)賃金の上げ止まりや消費経済の縮小、国民経済規模の頭打ち、デフレ傾向の強まり、経済発展地域が中国や東南アジア諸国へと移動し、日本や資本主義社会の先進国の経済的地位が相対的に低下していった。グローバル化が一層進んでいく中、技術革新も人工知能（ＡＩ）やバイオマス（遺伝子の組み換え技術）、医療技術（ロボット化など）などの技術の高度化が進められてきた。いわゆる「高コスト社会」が進んでいったのである。今日、技術・研究開発、製品開発などのコスト高が進行している。

(d)このような状況の中で、現代社会では「格差社会」が進行していった。金利の引き下げなどによって経済規模の拡大化（企業および企業間活動の活発化・拡大化）を目論《もくろん》でも、多くの経済学者が望むような規模拡大は達成されなかった。むしろ一部の人びとがその利益を享受しているにすぎない。この典型がアメリカ社会である。わが国も次第にそれに近づいているかにみえる。就労者の20パーセントが総賃金の60パーセントも70パーセントも占めるような状況は平等とはいえない。さらに移民の人達に仕事を取られているから、移民に反対、自分達を守ろう。したがって自国第一主義は正当であるという考え方が広がっている。これは保護主義やナショナリズムの台頭であり、追いつめられた、ゆとりのない資本主義の広がりであり、資本主義諸国の規模的限界がきていることの証左である。

(e)このような限界的資本主義社会では、どのようにすれば、より多くの人びとが満足し、幸福感を味わうことができるのであろうか。そのためには助け合い、喜びを分かち合い、満足度や幸福度は減少するかもしれないが心理的・社会的共通意識（仲間意識）を醸成し、コミュニティづくりをし、「共生・共創社会」をつくりあげることが必要となろう。これこそ著者の主張する上下関係のない個人間・組織間のフラットなネットワークづくりである。

では、国民である消費者や従業員が感じる「豊かさ、満足感、幸福感」とは何か、2分法を用いて考えてみよう。

国民は将来への不満・不安があるから、国民の消費が伸びない。国民を2分化する基準は、次のようになろう。

① 賃金や年金の上位者であり、あまり将来に不安のない人びと。

② 賃金や年金の下位者であり、明らかに将来に不安のある人びと。

③ その他の人びとは、生活保護を受けている人びと、障がいのある人びと（一部は例外）、仕事に就けない人びと、退職して年金生活をしている人びと、仕事に就かない人びと（一部は就きたいと思っている人びともいる）

これらの人びとの多くは、将来への不安が解消されず、「満足感や幸福感」を味わえずに日々生活を送っている。これらの将来に不安のある人びとに光を当てることはできないだろうか。

これに関しては、一方で税金を引き上げ下位者に回す、他方で、上位者の税金を引き上げ、下位者の税金を引き下げ、かつ補助金や手当てを支給するといった方式が考えられてきた。しかし、これまでの方法はネガティブな方法でしかなく、短期的な方法でしかない。

このような方法は、将来を見据えたものではない。将来を見据えたものとしては、長期的な視点に立ったポジティブな「将来ビジョン」をひとつの政策として考えていく必要がある。その政策のうちには、夢や希望といった価値観、それを具体化した理念を基礎にもつ。将来ビジョンは、その企業や組織の将来を創造する役割を担う。

話を少し具体化してみよう。企業や組織は誰のためのものであろうか。本著では従業員や消費者・顧客のためのものであると位置づけてきた。つまり当該企業にとって、主たるステークホルダーは従業員と顧客に絞って考えたい。株主のためのものというならば、株主が求めているものを満たせばそれで良いわけである。いわゆるアメリカのように短期的に利益を上げて、株価を上げれば、ほとんどの大衆株主は満足するだろう。このような短期的な企業経営を行えば、対立・競争、勝ち組・負け組といった対立の構図が表出される。結果だけを求める成果主義や能力主義は短期的で一部の優れた人達だけを優遇するからである。

われわれは、社会制度としての企業、社会とのバランスのとれた企業経営を目指すことから、長期的・全般的・安定的・創造的視点に立つ。制度的私企業では、「企業の存続と成長」を最終目標とし、将来ビジョンにもとづいたイノベーションを志向する。

かつてヘンリー・フォードは従業員の賃金を上げることによって、自社の製品を自社の従業員が買えるようにし「顧客の創造」を社内の最高目標とした。資本主義社会自体の拡大が可能な時には、そのような考え方に立って、可処分所得のもととなる賃金を上昇させることで物質的豊かさが達成しえた。かくて賃金が上昇する中で、モノレベルの豊かさとその未来の保証への担保がなされていった。そこでは「モノレベルの豊かさ」と「将来の保証」が一体となっていた。

しかし「豊かさ」の基準がモノからコト（こだわり）へ、将来が見えないことによる「不安」が蔓延する中で、世の中の不安定性が次第に増幅してきた。かつて消費者や従業員はモノ・レベルでの満足を得ることによって、精神的な安心・安定を享受し、生産性や品質の向上に寄与してきた。しかし、近年、消費者はモノへの購買意欲が減退し、モノを買うよりも、趣味やレジャーなどに関心をもつようになってきた。消費者は「こだわり」をもつようになったのである。

現代社会の向かうべき方向や政策、ビジョン、イノベーションなど、未来の創造を目指す真のリーダーへの期待が高まっている。多くの人びとが自分の将来に不安をもつ中、将来を見通した、確固たるリーダーの存在が期待されているのである。しかも、一部の人びとの支持しか得られないのではなく、より多くの支持が得られるようなリーダーが求められている。対立を煽《あお》ったり、一部の人びとの代表という考え方は、ひとつの権力行使にすぎず、ファシズムに繋がることになる。極端な分断政治は政治を担う資格をもたない。同様に、経営者もより多くの人びとの支持を得られるような努力が必要である。

真のリーダーは、社会の羅針盤の役割を果たすべきである。それをイメージすると「明日を語れない経営者は真の経営者ではないということである。さらに現場（従業員や消費者）を知らない経営者は現実の企業経営を語ることはできない。」

イノベーションは、現実から出発し、今起こっている問題を解決する経営戦略と、近未来起こるであろう問題を解決する戦略的経営からなる。これらのイノベーションをより未来に導くのが将来ビジョンである。これらを含む精神センターは、信条と価値観を核とし、経営理念、将来ビジョン、イノベーショナル経営によって構成される。

資本主義に根ざして未来を見据えようとすれば、次の3種のイデオロギーが必要だと考えられる。それは本来の資本主義、修正資本主義（制度維持論）に続く、第3の資本主義である民主資本主義（制度改革論）を基本に据える。個々人の考え方を活かしながら、これまで習慣・慣習・規則・法律・企業・機関などの制度を個々人の能力を活かすものに変えていくのが「民主資本主義」を基本とする制度改革論である。

先の修正資本主義（制度維持論）の段階では、その特徴は①対立・競争、②協働、③想像力である。第3の民主資本主義（制度改革論）の段階では①共生（助け合う）、②協創・共創（皆で協力して創る）、③創造力を特徴とする。この第3の民主資本主義にもとづく組織、システム、さらにネットワークを形成するには、つまり未来を創造するには、次のような条件を満たす必要がある。

(a)想像性からさらに創造性を醸成していくこと、そのためには、学んできた知識や経験が必要であるが、固定観念をもたないこと、変化を当然のこととして認識すること。このような創造性こそが、将来の質的成長（↔量的成長）を保証するものである。

(b)変化性を高めること。そのためには、多様性つまり各自・各地域、各国、それぞれ違いがあることを認識すること、そして、すぐにとか早く成果を上げなければならないといった考え方を放棄すること、つまり「ゆっくりイズム」を取り入れることが何よりも必要である。

この「ゆっくりイズム」は、短期的視点に立った「能力主義とくに成果主義」を批判しそこから脱却することから始まる。現代人は立ち止まって先のことをゆっくり考える時間がない。一方で仕事量がふえ、他方で、能力主義にもとづく量的な生産性を上げるために就労時間（残業時間）を減らされ、短期的な成果が求められる。したがって、ゆっくりと将来を考える時間がない、将来を考え創造することができない。就労時間が減少すれば生産性が上がる一方で、賃金は相対的に頭打ちとなる。

本書のねらいは、長期的で広い視野に立って将来を形づくることであり、信念・信条と価値観、理想、経営理念にもとづいて、将来ビジョンを創造することであり、イノベーションを実行に移し、量的（拡大）成長から質的成長への転換を目指す。すなわち「創造的進化」（creative evolution）は将来ビジョンを形成し、質的成長を目指す。理念やビジョンなき組織・システムやネットワークは波に漂う小舟のようなものである。理念やビジョンは未来の羅針盤であり、それを実際に確かなものにする役割を担うのが、企業や組織といった社会システムのリーダーである。

・すべての人びとが責任を負う、リーダーになりうるし、ならなければならない。今日では、責任ある社会づくりは急務である。
・リーダーになるには、自らが所属する社会システムに、信念や価値観にもとづく理念をもち、将来ビジョンを描き、それにもとづくイノベーションを展開する必要がある。このことは社会システムの創造的進化に貢献することである。
・そのためには短期的指向を捨て、ゆっくりイズムを指向し、長期的・大局的視点に立って、社会システムの未来を考えることである。
・未来は各個人の満足度や幸福感を見極め、明日を創造することである。

注

1 日本経済新聞、「内向く世界5」二〇一六年一一月二九日付。

2 日本経済新聞、「グローバルオピニオン」二〇一六年四月二五日付。

3 日本経済新聞、「グローバルオピニオン」二〇一六年四月二五日付。

第Ⅱ章

変化する社会システム

社会科学は社会を対象とする科学であり、経済学、経営学、政治学、法学、社会学、歴史学などからなる。他方、自然科学は自然を対象とする科学であり、生物学や物理学などからなる。この2つの科学は共に事実の観察から出発し、社会現象の客観的法則を探索する。

社会科学に共通する基本的概念として「変化」があげられる。社会科学の研究対象である社会は常に変化しており、過去→現在→未来といった時系列的な考察が不可避である。社会科学は歴史的考察が不可避である。

変化や時間の経過を語らない社会科学は、変化する社会を研究対象としないことを自ら認めるようなものである。社会は変化するがゆえに、その変化する方向を見極めることが肝要である。変化には、良き変化と悪しき変化がある。良き変化かどうかを見極めるのは、個人個人である。したがって個々人には自己の能力を活かすチャンスがあると同時に、明日を創る責任がある。

1●歴史主義と変化

カール・ポパーによれば、歴史主義は物理学と社会学という2つの柱からなるという。物理学と社会学はともに経験的でもあり理論的でもある。社会学における経験的とは、説明や予測が経験によって裏づけられており、さらに理論の善し悪しが観察・観測にもとづいて判断されていることである。また社会学における理論的とは、理論もしくは普遍的な諸法則にもとづいて説明や予測が行われることである。[1)]
これに対し、社会科学である経営学は、次のような3本の柱からなる。

(a)物理学――ニュートン・イズムをベースとし、そのシステムの特徴は繰り返し性の強い機械システムからなる。
(b)生物学――ダーウィニズムをベースとし、そのシステムの特徴は全体性・相互依存性をもつ生物進化論からなる。
(c)社会学――スペンサー・イズムをベースとし、そのシステムの特徴は目的性・全体性・相互依存性をもつ社会システム進化論からなる。

このような進化概念は変化概念を基礎にもつ。ポパーは歴史主義による変化を2つに分けている[2)]。

(a)物理学でいうところの変化は、物理的諸物体の運動すなわち「空間・時間的な変化」である。これは不変の「規則性」という物理的法則性である。

(b)社会学は社会的諸制度の変化に着目する。その変化は表面的には同一のものとは考えられないような違いがある。しかし、その制度には変化しない「本質的同一性」が保持されているからこそ、その変化や発展を説明できる。この社会学は社会的集団を対象とし、それを構成する総和以上のものである。社会学的法則である社会生活の法則は「場所や時間が異なるにつれて変化」する。これらすべての社会的集団の理解と説明のためには、それ自身の歴史や伝統、制度、さらに儀礼的慣習を研究対象とすべきである。

「社会進化の法則」を説き明かすことは歴史主義の中心的課題である。それは変化し、動いている社会をその対象とするからである。

これに対し、経営学、とりわけ制度経営学の研究課題は文化と行動である。経営学の変化概念は(a)進化プロセスと(b)進歩プロセスとからなる。

(a)進化プロセス――不明確な未来像への対応であり、受動的な環境変化への対応である。生物進化がその例である。生物進化は事後的・客観的に説明するしかない。

(b)進歩プロセス――明確な目的に向かう能動的・目的的（主体的）な環境変化への対応である。イノベーション（経営戦略と戦略的経営）がその例である。

これらの企業を含む社会システムは、この2つの進化プロセスと進歩プロセスによって、最終的には存続や成長が導びかれる。その進化プロセスや進歩プロセスは、環境構成主体によって主観的・客観的評価がなされる。[3)]つまり社会システムとりわけ企業は従業員や顧客、納入業者、販売業者、地域社会、地方自治体、株主などのサポーターによって支持されて初めて存続と成長をなしうるのである。特に従業員や顧客の支持なしには企業は存続すらできない。他方、政府の過度の介入は、資本主義・自由主義経済を長期にわたって歪めてしまう。わが国もその例外ではない。経済や企業の活力を失い、経済力や企業の経営力が後退していくことになる。それにつれて、労働環境や消費経済が衰退し、社会不安が広がりかねない。不安や不満が広がれば先進諸国に起こっているような対立関係が生じかねない。いや既に起こりつつある。

ポパーによれば、歴史主義的道徳説は「道徳的モダニズム」もしくは「道徳的未来主義」であり、反保守主義的なものである[4]。

この道徳的未来主義は、先の進歩プロセスと深い関係をもっており、信念・信条、価値観、夢・希望さらにビジョンなどを内容とし、社会システムのイノベーションを導くものである。ポパーのいうように、経営学が社会制度（組織を含む）を設計したり、諸制度をつくり直したりすることとは「漸次的社会技術[5]」であるとするならば、経営学は「漸次的変化」を吸収していく継続的な社会技術論ともいえる。

経営学における社会制度は個々人の行動を制約するとともに、ある一定内で個人の行動の不安定性を減らし、個々人をサポートする役割を担っている。他方、ポパーによれば、科学の進歩は個々人の思想の自由な競争の結果であり、それは科学全般の客観性を担保するものである。個々の人間の多様性（彼らの意見や企て、目的などの多様性）を保持することによって、科学の合理的発展を確保できるのである[6)]。

人間の進歩の源泉は「一風変わっていて、隣人とは異なっている自由、つまり多数の意見を異《こと》にしてわが道をゆく」自由にある[7)]。

個々人とはそれぞれ違った信念や信条、希望、将来の夢といった価値観つまり「個性」をもっている。したがって個々人は多様であり、その個性が独創的であればあるほど、稀少性をもち、その個人の存在価値も高くなる。他方、その個性が稀少価値が高ければ高いほど競争や対立が激しくなる。また、その個性や独創性が必要とされるものであればあるほど協力や共生さらに共創が導かれる。人はそれぞれ自由意思をもち、独創性（オリジナリティ）をもっている。それゆえ、人びとはそれぞれ存在価値をもっているのである。

組織や社会システムも個性や独創性を有する。ゆえに社会的存在価値があるのである。その中身は新技術、新製品、新市場、新産業、新しい社会システムなどであり、これらはイノベーションの実行のための原資となる。ネットワーク（個人と個人、企業と企業、組織と組織、国と国など）もひとつの社会システムである。このネットワークの構成員になるには、自主性・自律性・独創性をもつことが必須条件となる。もし、このような条件をもたない者がネットワークに参加すれば、それは単なる寄せ集めのグループであって、ネットワーク全体として強みを発揮することはできない。

2●個別主体と社会システム

人間は物的・生物的統合物であるとともに、社会との関連において有機体であり、社会的側面を有する。

公文俊平《くもんしゅんぺい》によれば、個別主体は「精神」と「肉体」の統一物であるという。この個別主体は、他の人と区別される一個の統一体として自らを形成・維持するとともに、自らの目的を定め、その達成のための行為を、外界の認識や評価にもとづいて決定し、実行していく[8)]。

組織に対峙する個人は物的・生物的・社会的システムからなる。物的システムとは肉体であり、生物的システムとは神経や頭脳といった命令・神経系統を指す。個人は、これらの物的・生物的システムの独立体として認識されるが、近代社会においては、自分一人では社会生活は送ることはできない。すなわち個人は社会の一員として、社会や組織の中で生きることになる。

この個別主体は自立性・自律性さらに行為の実施の際には、創造性だけではなく独創性が期待される。この独創性は、その個別主体が独創的な仕事である「研究や改革」に関わる仕事についている場合には、特に期待される能力である。これに対し、日常的で集団的な仕事を任《まか》されている場合には「改善や改良」に関する実施能力が期待される。この「改善や改良」については、日本企業の製造現場では、これまで強みとして認識されてきた。これは愛社精神にもとづく集団的な改善・改良活動である。

これらの個別主体によって構成される、ひとつの全体が組織やシステムであり、その結びつきの仕方が規則的で持続性をもつものがある。これは制度維持論にもとづく制度的私企業の特徴を有する。

この社会システムは社会、文化、技術、経済、自然のサブ・システムからなると考えられる。これらのサブ・システムをどのようにバランスをとるかについて考えてみよう。

(a)社会システムが自然環境に及ぼす「負荷」を過大にしてはならない。個々の主体や全体としてのシステムが達成しようとする目的も自然環境に対して過大にならないようにしなければならない[9]。

(b)システムを構成する各要素主体は、質的に画一化されすぎても、逆に多様でありすぎてもよくない。なぜなら現在の環境条件に対して不適応を起こすような「弱者」が多くなりすぎ、社会システムが存続するための「負荷」が大きくなりすぎるようになるからである[10]。

(c)社会システムのメンバーである各要素主体は、社会システムあっての個々の主体として考えると同時に、社会システムのリーダーは個々の主体があってこその社会システムであることを認識し、個々の主体と社会システムの間のバランス（トップ・ダウンとボトム・アップのバランス）をとることが必要である。

(d)社会システムが集権度を高め、一定の方向に意思決定が集約され過ぎないようにし、個別主体の創意の発揮や多様性を疎外しないようにする。

(e)組織やシステムが多くの部下をかかえこんだり、極端に細分化されたり、分権化されないように適正に規模をコントロールする。

本節での個別の主体と組織などの社会システムとの関係は、今日の大きな課題である。多くの場合、個人は、これまで組織やシステムという枠組みの中で取り扱われているが、今日では、個々人が自立化・自律化するとともに、個の時代を背景に個々人が独創性（オリジナリティ）を発揮することの重要性が一層増している。新製品、新技術、新事業、新産業が期待されている時代だからこそ、人と違った各個人の能力や創造力ひいては独創力がより重要なのである。各個人が重要性を増す中で、自分が所属する組織や社会システムに異議を申し立てるようになってきた。内部告発などはその事例である。これは個人vs組織の対立の構図が生まれつつあると同時に、個人と組織の対立の構図は、これまでの組織を変えていく原動力となりえると期待できよう。しかし、このような各個人の動きを規制しようという保守派の力も、まだまだ強い。バランスのとれた活力ある社会創りが急務である。

- 絶えず変化する社会の中で、各個人、特に、従業員や顧客などが組織にとって、その重要性を増大させつつある。
- 今や各個人、マイノリティ、中小企業が先導する社会が生まれつつある。

・個々人は自由意思をもち、主体的であり、改善・改良だけでなく、研究や改革といった創造的な仕事をすることができる。
・各個人は自立性・自律性と創造性をもつ。したがって新しい時代を切り開くのは、このような各人の能力や創造力である。
・未来を創造する人こそ、組織や社会さらに国のリーダーたりうる。

注

1 Karl R. Popper, *The Poverty of Histopicism*, Poutledge & Kegan Paul, 1957（カール・R・ポパー著、久野収・市井三郎訳『歴史主義の貧困――社会科学の方法と実践』中央公論社、一九五七年、六一頁）。
2 同上、二〇、三七、五五―五六頁。
3 池内守厚著『現代トップリーダーとイノベーション』白桃書房、二〇一二年、六―七頁。
4 カール・ポパー著、前掲書、八八頁。
5 同上、一〇二―一〇三頁。
6 同上、一三二―一三三、一三八頁。
7 同上、一三八頁。
8 同上、一七二頁。
9 同上、一八六頁。

10　同上、一八六−一八七頁。

第III章 人間社会の転換

現在、自国中心主義（保護主義）に陥っている国々が存在する。強大な経済力を背景に大きな経済圏をつくろうという動きも見られる。さらに、世界の経済的・軍事的リーダーを目指す巨大な動きも見受けられる。他方、拡大から縮小を目指す国家もみられる。さらに、かつての先進国、経済的・軍事的大国も一国だけでは経済的には生き残れず、複数の国々との経済圏ネットワークを模索している。地域的経済圏ネットワークの再編も見られる。情報技術の発達によって、世界の情報が巨大な通信・機器メーカーに集中化している。もともと情報は、集中化だけではなく、実は、拡教傾向をもっている。コンピュータなどの情報機器はネットワーク化を進めれば進めるほど情報の広がりと集中化が進行する。

多くの国々で起きている問題としては、食糧問題や環境汚染問題があるが、これらは地域的・地球的課題である。経済問題では資本主義経済の限界点への到達により、国家間の激しい競争により、国家間の格差が広がりつつある。したがって国家間のある程度の競争と有機的関係の確立が必要となる。同時に、国家間のネットワーク化が必要となる。ここでいう競争とは、対立を生むようなものではない。さらに先進国では少子化・労働力の高齢化が進行している。生活水準がある一定の水準（中流化）に到達すると、今の生活を守ろうと人びとは保守化し、経済的安定を求め少子化が進行する。将来への自分達の生活への不安がそれに輪をかけている。また発展途上国で人口が増えている背景には若年労働力への期待から出生率が高水準で維持されているのである。このような国々では食糧と教育が大きな課題である。

1●転機に立つ人間社会

今日は、少なくとも、今までの考え方や手法では解決は見い出しえないほどの大きくさまざまな転換点にさしかかっている。資本主義か社会主義（共産主義）か、富裕層か貧困層かといった2分法では解決しえない問題に直面している。第3の解法が求められている。

さらに、今日のような転換点に立つ人間社会においては、企業の経営者（企業家）や国家のリーダーは、信念・信条と価値観、理念、政策ビジョン、イノベーションを世に問うべきである。これらは、すべて将来を方向づけるものである。信念・信条と価値観の中には夢や希望が含まれる。これらの精神センターを構成する要素は、国民やステーク・ホルダーに説明し、説得し、納得し、評価されることが大切である。受容されなければ、その政策ビジョンやイノベーションは何の意味ももたない。実行するためには、受容されることが不可欠である。政策ビジョンやイノベーションは国民、従業員、消費者・顧客に夢や希望を与える。

わが国では将来への不安が表面化しつつあることから、先を読むことが必要にもかかわらず、数値で表わされないものしか信用されず、受け入れられない傾向が強い。さらに合理性が蔓延《まんえん》し、経済成長、収益性、生産性、能力主義、成果主義など表面的なことばかりが強調されるとともに、社会の画一化が進行しつつある。世論が2分され、対立を生むような問題には、じっくりと時間をかけなければならない。しかし、このような問題にも、2分法という手法で強引に押し切ろうとする場面が多く見られる。

　地域レベルや地球レベルでものを考え解決するには、個と個、組織と組織、地方と地方、国と国、地域と地域など、それぞれの有機的関係を築くことが必要である。まず、それぞれの多様性や相違点を認め、尊重することが大切である。さらに、そのような有機的関係を強化し、そのような関係を、より長く維持するには、それらを継《つな》ぐ理念や政策ビジョン、それらを具体化するイノベーションなどで構成される精神センターが必要である。同時に有機的システムの各部分が自立性や自律性だけでなく独創性を有することが要求される。この独創性は、個人、組織、地方、国、地域などが生き残っていくために他と区別するための特長である。同時に、分化的・有機的・質的成長を促進させる起爆剤となる。

　メサロビッチとペステルによれば、この有機的成長を成長させるには、有機的成長・

分化のある成長が必要不可欠であるという。それはいろいろなグループの細胞が、構造的にも機能的にも、差異をもち始めることである。これに対し分化のない成長は単なる量的成長を意味する[1]。

進化は細分化と多様化を意味する。それぞれ違った特殊性をもったものが組み合わさって新しいものが創造される。同じものからは何も生まれない。せいぜい「改善や改良」が生成されるだけである。もちろん製造現場における改善や改良は品質を向上させ、コストを下げ、生産性を向上させるうえで不可欠な要素である。この改善や改良はQCサークルやZD（zero defects）運動を通じて達成しうる。

2●世界システムと将来の変化

メサロビッチとペステルは、人類が直面している最も緊急で中心的課題は分化のない不均衡な成長のパターンであるという。これを解決に導くのが有機的成長の道である[2]。

多くの企業や組織、システムは要求の多様化や変化性にかかわらず、例えばグローバル化やコーポレート・ガバナンス（企業統治）などの考え方によって、ひとつの方向に、しかも集約的になりつつある。これらの動向は分化や多様性、さらに変化性を重視する考え方と相反する。

自然界との関係でいえば、細胞の多様性・種《しゅ》の多様性こそが人類を生かす道であるという。換言すれば環境や利害、組織が多様であればあるほど細胞も多様である。同時に、社会のリーダーは有機的成長の方向性や人間が自然界と共存共栄を図るための政策・協定を結び、守り育てることが必要である。

メサロビッチとペステルによれば、人間は自然界に大きく依存している。人間は「自然の単なる一部」であるので、環境に常に影響を及ぼしたり、環境から影響を及ぼされたりしてきた。今日では、地球上のすべての生命の存在は、生態系の安定性に依存している。種が少なくなると、生命が適応し生き延びていくために必要な安定性を保持していくことが難しくなる。[3)]

さらに、技術を取得した人類が直面している最大の危機は、自然のもつ破壊力（地震、津波、台風、竜巻）ではなく、生命のあやなす織物《おりもの》のもろさや種と種を結びつけ、生命の営みの中で動物と非動物の世界を密接に関係づけているダイナミックな絆《きずな》を構成するシステムのもろさである。人間は短期的利益のためにたくさんの新しい化学製品を十分なテストもしないままに生態系に持ち込んでいる。人間を含め、数えきれない生命が影響を受けるかもしれない[4)]。

メサロビッチとペステルによれば、世界システムの将来の変化は、主観的側面と客観的側面に分類されるという[5)]。

(a)主観的側面とは、人が、その個人的あるいは社会的レベルの段階で、何を選択するのかを完全に予測できないことを意味する。

(b)客観的側面とは、過去に測定あるいは観察されたデータ及び経験と科学的分析を通じて確立された測定である。

このうち主観的側面は、先が予測できないが、それはポピュリズムを構成している要素でもある。つまりポピュリズムは、この個人的あるいは社会的な主観的側面の集合体でもある。

この世界システムの構造的特徴は、次の3点に絞られる[6)]。

① 世界システムは、地域という互いに依存し合う政治的・経済的・文化的パターンのサブシステムからなる。

② 地域発展のシステムは、発展を規定するすべての本質的要素、つまり物理的・生

態的・技術的・経済的・社会的要素の経過を述べた一連の記述で表わされる。これらの要素は多層的に関連づけられる。

③ 世界発展システムは、明らかに変化し適応していく多様な束ねの能力をもっている。

- ・これまでの価値観や常識が通用しない、理解しえないほどの大きな転換点に立つ今日、どのような規範にもとづいて日々を過ごせば良いのだろうか。
- ・多様で変化性の高い社会において人びとや組織は大波にもまれ漂っているような状況にある。
- ・人びとは、ある一定の経済的水準を達成すれば保守化し、今の生活を守り、維持しようとする。また、今の生活に満足を見い出そうとし、チャレンジ精神を失っていく。
- ・現代社会の人びとやリーダーにとって大切なことは、原点に立ち返り、羅針盤の役目を果たすような自らの信念・信条や価値観、組織の理念や政策ビジョンを見直し、再構築することである。

注

1　Mihojlo Mesarović and Eduard Pestel, *Mankind at the Turning Point,* The Second Report to the Club of Rome, E. P. Dutton & Co., Inc. 1974（M・メサロビッチ／E・ペステル著、大来《おおきた》佐武郎・茅《かや》陽一監訳『転機に立つ人間社会――ローマクラブ第2レポート』ダイヤモンド社、一九七五年、一二－一三頁）。

2　同上、一八頁。

3　同上、二三－二四頁。

4　同上、二五頁。

5　同上、四六頁。

6　同上、五〇頁。

第Ⅳ章
生命と生物の進化

一九九〇年代「グローバリゼーション」で幕明けたアメリカン・モデルは「グローバル・スタンダード」として世界中に広まった。この「グローバリゼーション」は規模拡大化・画一化・統一化を促進させるとともに、他方、規制緩和と自由競争によって所得格差や将来の不安を生み出してしまった。「ローカライゼーション」は個々人や各地域の特性や手法を重視し、変化性や多様性を容認する。このローカライゼーションは、時間の経過とともに、主観から客観化、さらに中庸化へと導かれる。多様性ゆえに、右か左かといった片寄った考え方に収斂《しゅうれん》することがなくなる。したがって、さまざまな考え方が許容される。

さまざまな考え方や議論が、時間の経過とともに中範囲に集まる。ほぼ均衡した2つないし3つの意見に収約されるかもしれない。わが国での多くの議論は、このような2つの考え方と分からないといった意見に分類される。この場合、議論は平行線を辿《たど》ることとなる。このことは、われわれの人間社会の思考が成熟化していることを証明しているともいえる。この際、強引にひとつの意見にまとめようとすると、そこに極端な対立を生むことになる。多くの先進諸国の極端な対立は、このような経過によって生み出されてきた可能性が高い。先人は、決定をしないことも決定であるという表現をしている。なぜ、今、性急に、しかも強引に決定しなければならないのだろうか。ほぼ同じ割合いで2つに意見が分かれるような場合、これらの意見を「ひとつの束」として、対立を生み出さないための安全弁として暫《しばら》く置いておくことも賢人の智恵であると強く思う。

1●市場経済と生命体の本質

この世に存在するものは、個の集合体としての全体である。その全体は、地域ごとの政治的・経済的・文化的サブシステムからなり、同時に物理的・生態的・技術的・経済的・社会的要素からなるともいえる。このように全体や世界システムといわれるものは、常に、量的にも質的にも次第に変化していく。本著では量的変化よりも質的変化を重視してきた。このような質的変化は、進化プロセスと進歩プロセスによって構成される。換言すれば、社会システムの進化（広義）は生物進化（狭義の進化）と進歩（能動的・目的的〔主体的〕な環境変化への対応プロセス）によって構成される。

個の集合体としての全体に、まず注目する。この「個」と「全体」を結ぶ中間領域にあるのが「制度」であり、それは「調整制御のしくみ」であるとされる。このしくみは「制度の束」と「多重フィードバック」によって構成される。[1)]

このセーフティネットを起点とする多重フィードバックは、重複進化により、調節制御のしくみが進化することによって形成される。同時に、多様化や複雑化という性格をもち、さまざまな環境変化への適応力を広げてきた。進化の特徴は、段階的な細分化・

多様化・複雑化である。
制度の束とセーフティネットを起点とする多重フィードバックは、市場経済や生命体の本質である。この多重フィードバックは①動態的プロセスつまり制度の束の動態化と、②市場経済や生命体の維持という、2つの機能をもつという。調節制御《コントロール》のしくみが進化することによって、一方で多重フィードバックが形成され、他方、多様化や複雑化が促進される。[2)]
本来、社会システムは全体性・相互依存性・目的性を有する。システム自体は、ひとつの方向に集中化が促進されるが、分散化や多様化・複雑化は、その逆の方向の動きである。
高等生物では、重複進化によりセーフティネットを保持しながら、調節制御の多様化によって、環境変化に適応できる範囲を広げられる。他方、現実の市場は制度の束ででてきており、市場が進化していくと、セーフティネットを基礎とする調節制御の領域が発達する。市場は制度の束がもつ多重なフィードバックで維持される。[3)]
資本主義的な市場経済は、富める者をますます富まし、貧しい者をますます貧しくする傾向をもっている。このような所得分配の悪化は消費を減少させて消費経済を押し下げたり、生活給としての給与が不充分であることから、犯罪の増加によって社会の治安を悪化させかねない。税制や所得補助（生活保護の支給、奨学金の支給）など、さまざまな所得再配分制度が形成されてくる。これまでの人間社会は、家族や共同体などを通じて、貨幣的な取引以外にも奉仕や互助といった行為を行って維持してきたが、今日では、このような行為はＮＰＯ（非営利組織）やＮＧＯ（非政府組織）の活動が担っている。このように、市場は社会全体に広がれば広がるほど「調節制御」のしくみを進化させ複雑化していく。

この調節制御のしくみの軸となっているのがセーフティネットである[4)]。この事例として、「労働市場」に限定すれば、失業手当などの社会保障制度や労働基準法などである。

以上のように、多重なフィードバックは、生命体では調節制御の進化を意味する。それに対し、市場経済における多重なフィードバックとは、セーフティネットワークの形成を起点として、市場経済における調節制御のしくみを意味する。さらに、その調節制御のしくみが発達してくるとフィードバックが重なり合って機能する。このセーフティネットは、法や社会や文化などに合った形で進化してきたので、国ごとの固有の条件に合わせて多様性をもっている[5)]。

生命は生まれ、成長し、成熟化し、老化していく。これらの切り替りの時機に特に顕著な調整機能不全に陥る可能性があるとされる[6)]。

生物の進化は、単なる淘汰ではなく、分化、多様性、複雑性を生み出すシステムによるそれぞれが置かれた多様な環境変化への適応力である。クローン人間や遺伝子の組み換え作物は、多様性を失わせる危険性がある。なぜなら、優秀性や出来高を求めていけば、優秀な人間や出来高の高い種子だけが繰り返し選択されるようになるからである。例えば、実を多くつけ、寒さに強く、病気に強い品種を選択していけば、自ずと一点に集約していく。一点に集約していくことは多様性を失うことになると同時に、環境変化への適応力を失っていくことになる。地域の温暖化が進めば、寒さに強い品種は、その利点を失い、途絶えていく可能性がある。

他方、高度経済成長期から成熟期に入り、機能不全つまり日本経済は長期停滞に陥り、その対応策として「グローバル・スタンダード」がとられたが、多重フィードバックを考慮していないため調節制御に破壊的に作用した。このグローバリズムは多様性を認めていないため持続性がない。歴史的危機におけるセーフティネットの張り替えは、①民主主義を尊重し、②独立性と③多様性を高めるものでなければならない。

2●生物・市場経済・社会の進化と多様性

進化するとは、種の分化・多様化・複雑化であり、環境変化への適応力を高めることであり、セーフティネットを進化させることである。

次の3点について、進化を考えてみたい。

(1)「生物」の進化と多様性
(2)「市場経済」の進化と多様性
(3)「社会」の進化と多様性

(1)「生物」の進化と多様性

生物を取り巻く環境の変化は予測できないし、さまざまな環境変化に対応するためには多様な遺伝子をもつ必要がある。例えば、低温でも高温でも適応できる生物は、低温にだけ適応できる生物や高温だけに適応できる生物に比べて調節制御の対応できる幅が広く適応力が高い。つまりセーフティネットが進化しているということである。[7]

生物進化に関わる競争は2つに分けられる。①同じ動物種内での競争力とは、エサを取る能力、安定的なエサの供給される環境を発見する能力、一定の数で生育する能力である。②他の生物種との競争力とは、生物は環境の一部であり、安定的生存のためには、他の生物種と共存できる範囲を見つけることであり、生存できる生物種のダブル適応を生み出すことである[8)]。

生物進化と「競争的淘汰」の長期的な意味は、①生態システムにおいて他の生物と共存する能力をもつこと、②微生物への感染抵抗力があること、③食物になるエサの幅広さがあること、④種内部の共食いの制限があることなどによって「総合的なフィードバックのしくみ」をつくりだすことである。つまり多重フィードバックの適応範囲を広げ、生存の可能性を増やす生命圏をつくりあげていく競争である[9)]。

生物進化の原動力は、①初期は遺伝子変異と自然淘汰が中心、②多重フィードバックからみた生物進化の原動力は多様性と調節制御が中心である[10)]。

(2) 「市場経済」の進化と多様性

競争的市場モデルやネオ・ダーウィニズムの立場に立つさまざまな理論の根本的問題点は、非効率的な企業や個人が競争淘汰され、効率的なものあるいは強者だけが生き残るというものであった。

生命体は一個の細胞や一種の生物では生き残れない。このような多様性を排除する2つの原理主義は「市場原理主義」と「社会主義計画経済」である。例えば、効率性の名のもとに、より美味で収穫量を増やすために農作物や畜産物は品種改良を重ねていく。その結果、品種が減少して病気が流行して壊滅的な打撃を被る遺伝子クライシス（危機）がしばしば起こる[11]。

アメリカ市場を成立させている「制度の束」（法、社会制度、文化、慣習など）を前提としているアメリカン・スタンダードであるが、それがグローバル・スタンダードとして各国に広がっていった。このようなアメリカン・スタンダードは多様性に欠けることから、持続可能ではない。これに対し、セーフティネットを起点とする多重フィードバックのループ（「制度の束」である法、政治、社会、文化など）は開かれており、国や社会によって個性をもっており、多様である[12]。

資本主義市場経済は2回のオイルショック（一九七三年、一九七九年）を契機に要素還元主義（個人主義）の攻勢、新古典主義（資本蓄積・投資、技術進歩、人口増加等の成長要因）、市場淘汰による市場原理主義（レーガノミックス、サッチャイズム）が表出してきた。こうした市場原理主義が闊歩《かっぽ》する中で環境やジェンダー、高齢者の自立などの新しい思考が現われ、NPOやNGOといったネットワーク組織が台頭してきた。あるいは国民国家という枠組みを超えるEUのような地域連合が発展してきた[13]。

市場経済はセーフティネットを起点とする制度の束からできている。そして市場や社会の変化に伴って、たえずセーフティネットを張り替えていかねばならない。そうして先進国になればなるほど、「制度の束」は進化して複雑になっていく。他方、貧困と失業にあえぐ発展途上国において、国有企業を民営化したとしても、セーフティネットが整っていないために失業問題の深刻さを加速させる[14]。

(3) 「社会」の進化と多様性

古いパラダイム（支配的規範）論者は①不安感や閉塞感がつのる国内状況と、不安定な国際社会の中で、強い要素を求めてナショナリズム（国家主義）の方向を指向する。そのため、このナショナリズムはセキュリティに対する不安感に根ざすがゆえに、強い支配者への隷属を安心感として求め、一方的な片寄った方向に向かう大国に追随するようになる[15]。

進化するのは遺伝子にコードされた調節制御、すなわちセーフティネットワークを起点とする「制御の束」であり、環境変化に対応するために多様な調節制御をもつ生命体が生き残ることができる。民主主義的な社会は、このセーフティネットの張り替えを絶えず行う。市場経済は家族や共同体が担っていたセーフティネット機能がより高次の公共的団体に移されていく[16]。

環境変化に適応する能力を高めることは調節制御が進化（多様化・複雑化）していくことである。多様性を保持するしくみこそが環境変化への適応能力を高めていく。「信用」や「セーフティネット」が危機に陥り、不安感と不信感の悪循環が続く現在の状況の下でのコントロール・システムへの信頼回復するための方法つまり情報を透明にして公平なルールを再建する方法は①分権化によってフィードバックが認識されやすい地方や地域から調節制御の再生を行うこと、②アジアなど地域からの信頼感の醸成を行うことが必要である[17]。

生物が生き残る最大のしくみが多様性をもった多重制御システムである。このことが多様性を認め合う民主主義の普遍的価値の根拠である。今日の経済政策は「価格メカニズムや効率性」という一元的価値に支配される世界で埋め尽くされ、民主主義と多様性を根拠づける枠組みを失ってしまった[18]。

別の言い方をすれば、それは効率性や価格メカニズムといった一元的価値の繰り返し性の強い物理学的発想にもとづいており、分化・多様性・複雑性といった多元的価値を否定しているところに大きな問題点がある。多様性こそ民主主義的発想であり、その多様性や複雑性が将来の大きな変化性を生み出すのである。

「価格メカニズムや効率性」「成果主義」「能力主義」「組織化・管理化・制度化」「グローバル化」「大企業優先政策」「個人やマイノリティの自由意思の無視」「多数決原理の蔓延」などが過度になりすぎると、「負け組」「中小規模組織」「個人やマイノリティの自由意思」がますます隅《すみ》に追いやられ、各個人にとって、息苦しい社会がますます広がることになる。その意味で、企業や地方自治体や国家の政策を担うリーダーの責任は非常に重いと言わざるをえない。

今こそ、規模拡大、右肩上がりの経済成長を目標とし、画一性・統一性を重視する反面、勝ち組・負け組（格差）を容認する利己主義が拡大していく「新自由主義」から「新民主主義」へ移行すべきである。この新民主主義は、右肩上がりの経済成長を目標とせず、中小規模を志向し、相互協力や多様性・変化性を重視する。成果よりも行動プロセスを重視し、個々人の自由意思や創造的能力を活用する方向を模索する。敗者復活を認め、個人主義とともに日本で育《はぐく》まれてきた集団主義を重視する。この「新民主主義」は個人やマイノリティ、多様性や変化性を重視する。このことは未来を創造する人びとは主として個人やマイノリティであるということを意味する。企業や組織、ひいては社会を動かすのは最終的には個人やマイノリティである。相手が納得し、容認しないことを実行に移せば、対立を生み出し、対立を深めるばかりである。新しい価値観が生まれ、新しい組織や社会の創造性が求められる今日こそ、一人ひとりの能力やモラールを活かす経営や組織運営こそが最も重視されるべきである[19]。

- 生物の進化は、多様に分化し複雑化していくことである。それは環境変化に適応することであり、生き残る術《すべ》を育《はぐく》むことに繋がる。
- 市場経済は、市場や社会の変化に伴って、持続性を確保するために、絶えずセーフティネット（「制度の束」）を張り替えなければならない。
- これに対し、アメリカ発のグローバル化（グローバル・スタンダード）やコーポレート・ガバナンス（企業統治）は画一化や統一化を促進させることから、変化への適応能力を自ら放棄することになるのではないか。
・新自由主義から「新民主主義」への転換が必要である。
・国民の自由と平等を保障する民主主義は最も進化したイデオロギーの形態である。なぜなら、国民に主権があり、民主主義は、常に、多様性と複雑性、さらに変化性を保持しているからである。
・生物や植物も多様性や変化性があるからこそ、サステナビリティが確保されるのである。反対に、画一化・統一化・単一化は変化性をもたないことから持続可能性は減少の一途を辿《たど》ることになり、やがて、そのような社会は衰退していく。われわれは長い長い歴史にもっともっと学ぶべきである。
・現代社会のリーダーに関して、最も欠けているのは、特に従業員や顧客や国民に対して説明し、説得し、納得してもらうことである。この場合、トップ・ダウンだけでなく、日本古来のボトム・アップも必要不可欠である。トップ・ダウンとボトム・アップのバランスこそ重要である。

注

1 金子勝・児玉龍彦著『逆システム学――市場と生命のしくみを解き明かす 岩波新書875』岩波書店、二〇〇四年。六頁。
2 同上、一七頁。
3 同上、五二頁。
4 同上、六九頁。
5 同上、七一頁。
6 同上、一六二頁。一部加筆修正。
7 同上、一九五―一九七頁。
8 同上、一九八頁。
9 同上、二〇〇頁。
10 同上、二〇二頁。
11 同上、二〇三―二〇四頁。
12 同上、二〇五―二〇七頁。
13 同上、二二一頁。
14 同上、二二三―二二四頁。
15 同上、二三七頁。
16 同上、二〇八―二〇九、二一一頁。
17 同上、二三六―二三七頁。
18 同上、二三八―二三九頁。
19 池内守厚著『ビジネス社会の未来』白桃書房、二〇一一年、一七頁。

第V章

社会の変化と根本原理

人間は考える葦《あし》である。人間がこれまでに展開してきた考察・思考・思想は、次のような2面性をもつ[1]。

①　人間自身および人間同志や、人間と自然との間の関係における「共通性と普遍性」

②　人間自体と、人間と自然との関係における「個別性・特殊性」

同時に、人間は人と人との間に存在する社会的存在である。その人間の生活は相互依存的社会関係性・社会性をもつ[2]。

われわれは個人としての人間と同時に、人間が2人以上によって構成される社会にも関心をもつ。

人間といっても多様であり、それぞれ個性をもち、考え方も違うし、置かれた社会環境も違う。人間のもつ、これらの特徴も一定ではないし、時間とともに変化する。

このような人間の実践的な態度の在り方を問うのが哲学である。それは、われわれが生活するうえで依って立つところの基本となる認識である。同様に、経営哲学は企業経営の羅針盤の役割を果たしている。この経営哲学は、元を正せば、信念・信条といった価値観を出発点とし、経営理念を形成し、その経営理念は将来のビジョン、さらに企業経営のイノベーションを導き出すのである。本章は、この根源的側面から、将来の方向性に関する課題に着目し、議論を進めていきたい。

そこで、本章では、まず西洋哲学と東洋哲学の特徴を取り上げよう。続いて、人間存在と変化の原理について考察する。

1 ● 西洋哲学と東洋哲学

哲学は人生・世界や事物の根源のあり方や原理を、理性によって求めようとするもので、風土的な諸関係を異にする西洋哲学と東洋哲学に大きく分類される。

(1) 西洋哲学の特徴

西洋哲学の特徴は、次のような3点である。[3)]

(a) 第1の特徴——絶対者論

① 唯心論における心、精神、神が究極に存在。

② 唯物論における物質が究極に存在。

(b) 第2の特徴——実体論

① 唯心論における神が絶対者であり、実体としての現実に存在。

② 唯物論における物質が絶対者であり、実体としての現実に存在。

(c) 第3の特徴——根源発生思考にもとづく異時的関係論つまり根源発生論

① 唯心論では、絶対者である神によって万物が作られる。したがって神が先であ

り、造られた万物は後である。

② 唯物論では絶対者である物質、例えば脳細胞によって神は造り出される。したがって物質が先であり神が後である。

西洋哲学は、唯心論と唯物論という分類を基礎に展開される。これは、われわれが人間や企業を、物的システムと生物的システムという2分法によって分析するのと共通している。もちろん人間や企業は、次の段階において社会的（有機的）システムを取り上げる。なぜなら、人間や企業は、ひとつの社会的システムでもあるからである。

もし「神」が絶対者であるならば、神によってつくられた自然界を含む万物は、神が自由に利用することが可能である。このことは、人間による自然の支配と利用という西洋合理主義の考え方に繋がる。だが、われわれ「人間」は、絶対者でもないし、神にはなりえない。われわれ人間は絶対者になりえないことを「肝《きも》」に銘じておくべきである。近年、多くのリーダーは、自分は何でも意思決定でき、社会やシステムを自由に操れると思っている。このような思考と行動は、愚《おろ》かなことであるとともに、私は恐怖さえ覚える。

(2) 東洋哲学の特徴

われわれ東洋人や極東アジアの人びとが思考や行動を起こす場合に依って立つのが東洋哲学、特に仏教哲学である。この東洋哲学は、次のような特徴をもつといわれる。

(a) 第1の特徴――相対論・縁起論

存在は、常に縁にもとづいており、相対的（非独存的）存在である。存在は、常に、2面性をもっており、常に、相手との関係において存在している。この存在の2面性は、生きている人間の心と肉体（物質）、人間と環境、個と世界、私とあなたなどである。特に、この存在の2面性ゆえの特異的なものとしては、心と肉体（物質）、夫と妻、対立と調和、闘争と和、理性と感情、知恵と慈悲（喜びと幸福を与え、苦しみを除いてやること）などである。仏教の場合、悟れば、われわれも仏になれる。仏は絶対者ではない。仏と凡夫との関係は人間のもつ二面性を表している。[4)]

(b) 第2の特徴――非実体論・仮有《けう》論

絶対者論をとる西洋哲学では「我《が》論」であり、そこでいう「我」とは常一主宰《じょういつしゅさい》の意味であり、「常」とは変わらないことを意味し、相手がおらず孤立しており、自分の思うようになることを意味する。

これに対し、東洋的な考え方は無我論であり、すべての存在は相依関係においてであり、したがって不変的な実体はない。時間的にも、空間的にも移り変わっていくままに存在している。すべてのものは「有」とも「無」ともいえない。これを「仮有《けう》」という。[5)]

東洋哲学（仏教哲学）では、時間的には現在、われわれが身心《しんしん》（肉体と心は不二《ふじ》一体）をもった人間として生きていることも、仮にあるにすぎないのであって、いつ縁が切れ死ぬかもしれないのである。われわれは流転しながら、一時の位《くらい》として存在しているにすぎない。それゆえに、「仮有《けう》」の存在である。このようにわれわれの存在は、時間的にも空間的にも関係的にも仮有な存在である。[6)]

われわれの存在は、歴史の中では一点にすぎないとか、一本の蝋燭《ろうそく》にたとえられる。このことは何を意味しているのだろうか。われわれは仮有《けう》な存在だからこそ、自分の信念や価値にもとづいて生きていかねばならない。

(c)第3の特徴——相依関係論

相依関係論は、西洋哲学における根源発生論の反対語である。

東洋流の考え方では、われわれは、現実的で事実にもとづく発生論の特徴をもち、助け合い融け合っているような依存関係論の特徴つまり弾力的で多様性と自在性をもち、縁によって多様に変わる仮有《けう》な存在である[7]。

2●人間存在と変化の原理

すべてのものは変化する。存在を規定する根本法則は因縁《いんねん》関係の法則であり、この因果関係の根本法則から派生してくるのが「変化の原理」である。時間的・空間的にみて、すべてのものは移り変わり、動き、変化する。このように変化は、基本的には因縁関係に根拠があるが、その中でも、主として相克関係に起因する。その相克関係には2面性があり、早く変わるものとそうでないもの、変化の方向が互いに反対のもの等々がある[8]。

「変化とは存在の非連続」であり、「存在とは非連続の連続」である。存在するということは、常に変化しているということである。変化しなければ存在そのものが否定されることになる。われわれを取り巻く自然環境や社会環境は、常に変化している。したがって私達もひとつの信念や価値観をもって、それらの変化に対応する。変化に対応するということは、理念をもち、将来のビジョンを描き、自らにチャレンジすることであり、イノベーションを実施に移すことである。

　これらの非連続や連続は、時間というレールの上を走る列車のようなものである。時間というレールは過去→現在→未来から構成されている。現在は過去化しつつあり、同時に未来への扉《とびら》であり出発点でもある。そこでリーダーは、これまでの過去の歴史を振り返り、現在の置かれた状況を分析し、課題を見つけ、課題を解決するための未来を創造する。

　変化を内容的にみるならば、人為的変化と自然的変化からなる。人為的変化とは人間の立場から変化をつくりあげることである。われわれもまた、絶えず新しいものに生まれ変わっている。人間による意識的・意図的な変新は社会的変新であり、特に革新性の高いものがイノベーション（革新）であり、今までに全く新しい結びつき関係の創出が創造（creativity）である。[9]

　前述したように、存在を規定する根本法則は「因縁（原因と条件）関係の法則」である。存在は時間的側面と空間的側面、表と裏、物質的なものと精神的なものからなる。同時に存在は、有機体（生物）の結集としての「統一体」と、無生物（無機物）の結集としての「統合物」からなる[10]。

この「因縁関係の結集」である「存在」の考察の方法には、次の2つの方法がある[11]。

(a)社会的・客観的・理論的考察方法つまり知的な公平・平等・普遍を志向する原理論的考察方法

①変化への(無常)の原理――存在の時間的側面で存在は刻々と動き変化する。つまり存在は変化性と無常性を有する。

②相依(無我)の原理――存在の空間的側面で、存在の真実は一時的・暫時《ざんじ》(しばらくの間)的に結集したにすぎないもの、変異し変新する。つまり「無我性」を有する、無我とは、あらゆる事物は現象として生成しているだけであり、不変的な本質は存在しない。

(b)個別的・主体的・実践的考察方法つまり目標を達成するための方策・方法・手段を見い出し、その行為の公正・正義・有効を目指す実践論的考察方法

この後者の実践論的考察方法には2つの側面がある[12]。

①「苦の原理」――人間存在は目標遂行プロセスとしての行為の側面である。因縁《いんねん》的関係的人生は苦と楽の性質をもつが一般には苦的性質をもつ。「人生は苦である」

つまり思い通りにならない。苦の原因は真実・真理である変化（無常）の原理と相依（無我）の原理を理解しないことから起こる「煩悩《ぼんのう》」である。

②「離苦の原理」――因縁関係における因縁苦は、苦からの解放願いであり、物質的豊かさへの願いであり、精神苦からの解放願いは、心のゆとり感・安心感・幸福感への願いである。

この「離苦の原理」は個人的には煩悩・苦からの解放（解脱《げだつ》）であり、衆生《しゅじょう》（多くの人びと）を済度《さいど》（人びとを迷いから救うこと）しようという思いやり慈悲は、衆生《しゅじょう》済度《さいど》を前提とした慈悲行としての解脱である。「慈」とは喜びと幸福を与えることであり、「悲」とは苦しみを除いてやることである。これらは慈悲であり、「慈悲行」である。この慈悲行は、個人的には「思いやり」を意味し、社会的には「社会貢献」を意味する[13)]。

われわれは第2次世界大戦後、物欲の道をひたすら走り続けてきた。一九九〇年を境に、自然や精神（心）への関心が高まり、レジャーや旅行やスポーツなどに生き甲斐を求めるようになってきた。単なる物欲からコトへのこだわり、つまり満足感や幸福感を求めるようになってきた。かつては量的な欲求、例えば食欲が満たされ、生活用品が揃って、生活空間があれば良いとされてきた。近年では、食事の質、生活用品の質、生活空間の質といった生活の質にこだわるようになってきた。食事や生活用品、さらに生活空間を提供する側からではなく、消費者側がどのように考えているかが大きな問題である。

消費者や従業員は満足し、幸福を感じているのだろうか。

本書では、心のゆとり感、安心感、満足感、幸福感への願いのほうが、より強くなりつつあると仮定している。

現代の資本主義社会において、格差社会の蔓延、生活保護世帯の増加、ひとつの職場だけでは生活が成り立たないこと、共働きをしなければ生活が成り立たないこと、独身生活を貫く人達は、仲間同志で助け合いをせざるをえなくなる。これまでと違った横断的なグループ化、ネットワーク化が促進されるだろう。

今後、ますます相互扶助、シェアリング、ボランティアなどの横断的な繋がりやグループ化・共生・共創的ネットワーク化が必要となるだろう。

・風土は人びとの基本的価値観を形成する。宗教もそれぞれ置かれた風土や環境や歴史などによって方向づけられ、形づくられる。したがって多様性をもつ。

・西洋哲学は弁証法や2分法に代表されるコインの裏と表の関係にもとづいて思考する。唯物論と唯心論からの分析を試みる。しかし東洋的な哲学では右か左か、上か下か、といった考え方ではなく、中庸という考え方を基本にもつ。この中庸は見えにくいが、右と左、上と下を繋ぐものであり、これによって極端な対立を避けることができる。

・自然や社会を貫く一般的法則として変化は常であり、変化は存在の非連続であり、存在は「非連続の連続」として動いている。この存在は因縁（因果）関係の結集である。

・東洋哲学（仏教哲学）では、われわれは、この世では一時の存在にしかすぎず仮有《けう》な存在である。

・ひとりの人間の存在は、肉体的にも知的にも黎明《れいめい》期・成長期・安定期・衰退期を経て変化していく。そのようなひとりの人間の人生は苦である。

・「慈悲行」は個人的には「思いやり」であり、社会的には「社会的貢献」である。

注

1 稲葉襄著『企業経営学の哲学・本質・体系』白桃書房、一九九六年、i頁。
2 同上、九五-九六頁。
3 同上、三一-三二頁。
4 同上、三二-三五頁。一部加筆修正。
5 同上、三四頁。
6 同上、三四-三五頁。
7 同上、三五頁。
8 同上、四八-四九頁。
9 同上、五〇-五一頁。一部加筆修正。
10 同上、七八頁。
11 同上、七九頁。
12 同上、八〇-八一頁。
13 同上、八二頁。

第VI章

日本的生き方

東洋哲学（仏教哲学）では、われわれ人間は相手との関係において生かされており、仮の存在であり、相手に依存する存在だと理解する。われわれは非連続の連続環境の中で、苦から逃れようと踠《もが》きながら必死に生きているのである。

本章では、このような東洋的な人間を、とりわけ日本的な部分に絞って取り上げていきたい。われわれ日本人は、かつて中国から道教や儒教（儒学）を学んできた。われわれ日本人のものの考え方や習慣のルーツがここにある。そこで、東洋的自然観と道教、さらに儒教と倫理道徳とに分けて議論したい。

1●東洋的自然観と道教

この第1節では、東洋的自然観、老子における道と自然、日本的自然観に分けて考えてみたい。

(1) 東洋的自然観

西洋の自然観は「自然は神聖にあらず」という言葉に代表される。自然は創造主によって造られたものであり、しかも人間の利用と支配のために造られたものであるという。人間は特別な存在であり、自然の支配者である。こうした自然観は神と自然を分離し、また人間と自然とを対立させ、自然を従属的位置におとしめる。[1)]

このような西洋の自然観に対して、東洋の自然観は「自然は神聖なり」という基本的立場に立つ。東洋においては、古くから一種のアニミズム（精霊信仰）の伝統があり、樹木や岩や山のような自然物に霊が宿っているという考え方が浸透していた。[2)]

「自然は神聖なり」とする自然観は、いきおい自然と一体となり、自然にしたがって生きようとする考え方を生成しやすい。東洋における自然は、一方では①温和で生命に満ちあふれた性格と同時に、他方では、②突発的で暴力的な性格を有する。人間は、自然が有するこれらの二面的な性格のどちらにも逆らうことができず、そこに東洋的な性格が形成されてきた[3)]。

われわれは、里山に畑をつくり、落ち葉を肥料とし、小枝をかまどの燃料として利用し、自然との境にある里山に解け込んで生活してきた。まさに自然と共に生活してきた。同時に、われわれは自然に存在する石や樹木に霊魂が宿るとさえ感じてきた。神社の御神木などはその例である。大きな石を御神体とする神社もある。われわれは自然に寄り添って生活するとともに、自然に対し恐れをもち畏敬《いけい》の念さえもっている。工業化や経済の発展のみを指向する人びとにとっては、自然は眼中にないのかもしれない。しかし、農業や林業や水産業だけでなく、工業製品の原材料や化石燃料も自然界から採取しているのであり、自然界とは切り離せない。医学の分野でも、自然界にある薬草を採取し、その薬効を分析し、現代薬はつくられているのである。われわれ現代人の生活は、自然と切り離しては成り立たないことを再認識すべきである。その後、自然とどう向き合うかを再考すべきであろう。近年の温暖化によって、暑さや寒さが極端に上がったり下がったり、台風やハリケーンの大型化、砂漠化の進行、海水の上昇など無視しえない状況にある。地球の気温が二〜三度上昇するだけで、このようなさまざまな影響が起きているのである。一部の解決策だけでは回復しないところまで進行しているのである。地球全体として、システムとして、ネットワークとして考えなければならないだろう。議論している時間はもうない。

(2) 老子における道と自然——道教

道家および道教の祖である中国春秋戦国時代（紀元前七七〇〜紀元前二二一年）の思想家・老子は、自然は神聖なものであり、したがって、自然にしたがって生きることを良しとした。無為《むい》生滅《しょうめつ》変化しないものにして自然であることが理想であり「無為自然」と呼ばれる思想の源泉が求められる。[4]

老子の根本は道であり「無為自然」である。この道とは、万物の根源であり、究極的実在である。したがって「道」は、①一切のものが再びそこへ還っていく「根源」という意味と、②一切のものが再びそこへ還っていくべき「理想」という2つの意味をもつ。[5]

「理想的価値」は「徳」（善や正義にしたがう人格的能力や品種）を形成し、その徳は現実の世界つまり理想への道をはっきり示してくれる（「道の顕現《けんげん》」）。この道にしたがえばおのずと道へと還帰《かんき》できる。人間の作為やはからいは必要ではない。もし作為やはからいが加われば「差別・対立・優劣・愛憎・争乱」が生じる。[6]

老子によれば、分別や作為は聖（徳のすぐれた人）・智（ものしり）、仁（おもいやり）・義（正しい道）、功（労力をつくして事をなし遂げた結果）・利（効用）であり、これらを棄《す》て自然に還《かえ》れと言っており、さらに「素《そ》（本来のもの）を現わし、撲抱《ぼくいだ》け（煩悩を取り除け）。私《し》を少なくし、欲を寡《すく》なくせよ。学を絶ち、憂い（嘆き、悲しみ）を無くせよ」といっている。「無為自然」の特徴として純朴、無欲、無知を説き、また柔弱《にゅうじゃく》、不争、無私を説く。この無為自然を象徴するものが「水」である。[7]

さらに続けて、次のように説く。聖人の無為はさまざまな書物を読み、深い思慮にもとづいたものである（深慮遠諜《しんりょえんちょう》）。大事《だいじ》も小事《しょうじ》の積み重ねであるからすべてのものごとは小事の内に処理すべきであり、怨恨《えんこん》（うらみ）はただ寛恕《かんじょ》（度量が広く、思いやりの深いこと）によってのみ消滅させることができる。作為の極致は分別や思慮である。作為の究極は無為（自然のままで作為的でないこと）であり、分別の極致は無分別である。[8]

(3) 日本的自然観

古代の日本人は本能的に自然の中に入っていって、自然と一体となり、自然の中で生活し安らいでいた。また、自然の中にいたいという願いを強くもっていたようだ。日本人の自然観が自覚的な形態をとるようになったのは、鎌倉時代に入ってからであり、その典型を親鸞《しんらん》（一一七三－一二六二）と道元《どうげん》（一二〇〇－一二五三）の思想に見ることができる。このような「自覚的自然観」は、やがて本居宣長《もとおりのりなが》（一七三〇－一八〇一）の国学や芭蕉《ばしょう》（一六四四－一六九四）の俳諧《はいかい》に受け継がれ、後の西田幾多郎《にしだきたろう》（一八七〇－一九四五）つまり西田哲学に受け継がれている。[9]

2●儒教と倫理道徳

東洋人にとって自然は神聖なものであることから、われわれは自然に寄り添い、自然への恐れや畏敬の念をもってきた。このような考え方を基礎に、老子の教えが生まれた。老子の教えは「道」に求められ、道を存在の価値としての「根源」と価値の根源としての「理想」からなるとした。現実と理想の2つの側面からの道の意義づけであり、価値の根源としての道に還帰《かんき》する方法は作為（策）を講じないという「無為自然」だという。換言すれば、差別や対立を生むような行動はとらないということであり、中庸といった考え方である。われわれ日本人は、かつて自然と共に生き、自然の中で安らぎを求めてきた。

この第2節では儒教の生命論・家族論および儒教が現代社会の中でどのように生かされているかについて検討しよう。

(1) 儒教と生命

ここでは、生命論としての「孝」を基礎として、後の儒教はその上に家族倫理（家族論）をつくり、さらにその上に社会倫理（政治論）をつくった。後世になり一二世紀の新儒教になると、さらにその上に宇宙論・形而上学（経験論や唯物論など）までつくるようになった。これらをまとめると(a)宗教性、(b)礼教性、(c)哲学性に分けられる。(a)宗教性とは、生命論としての孝（生や死の証明）と死の恐怖・不安からなる。(b)礼教性とは、家族論を基礎とする政治論である。孝を基礎とする家族論は、宗教性と礼教性にまたがっている。(c)哲学性は、宇宙論や形而上学からなる[10]。それらをまとめると**図表Ⅵ-**

図表Ⅵ－1

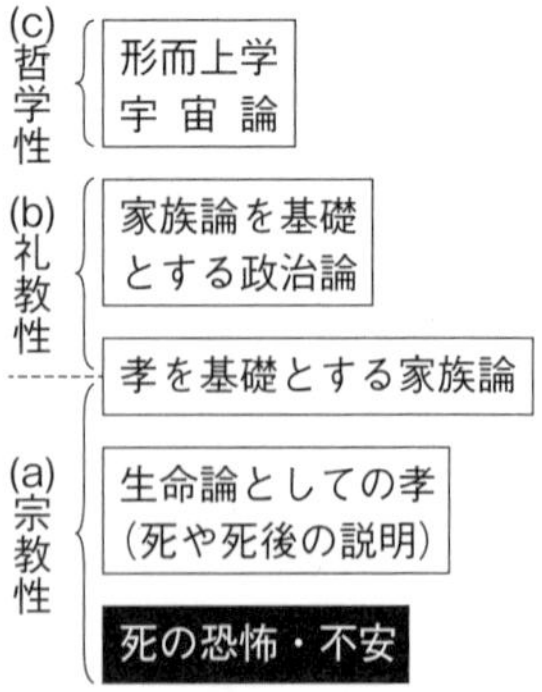

（出所）加地伸行著『儒教とは何か　中公新書989』中央公論社，1990年，21頁。

1のように表わされるという。

(a)の「宗教性」について、少し概観しておこう。儒教の基礎である「孝」は「生命論」であり、「宗教性」を有する。

この生命論としての「孝」には、3つの行為があげられる。[11]

①祖先の祭祀（招魂儀礼）の根核《こんかく》（祖先崇拝と祖霊信仰）――祖先との関係（過去）

②父母への敬愛――父母との関係（現代）

③子孫の出産――子孫・一族との関係（未来）

かくて(a)の儒教の生命論は、2つの意味をもつ。

①血脈（血の鎖）――自己の生命とは、実は父母の生命であり、祖父母の生命であり、さらに、実は多くの祖先の生命ということであり、家系をずっと遡ることができる。

②永遠の生命である孝の本質――一方で子孫・一族があり、百年先、千年先と、も

し子孫・一族が続けば、自己は個体として死んでも、肉体の死後も子孫の連続において生き続けることができる[12)]。

(2) 現代の儒教

儒教の発生期の原儒時代は宗教性と礼教性の混合の時代であった。儒教成立（儒教理論の基礎づけ）の時代には宗教性と礼教性の二重構造の時代であった。さらに基礎理論を発展させた経学《けいがく》（経書《けいしょ》を研究する学問）の時代は宗教性と礼教性の分裂の進行の時代であった[13)]。

(a) 「宗教性」

宗教性は、私的・社会的（家族内が中心）・情的（他を思いやる心）性格を有し、一般庶民を中心に受け継がれた。

現代に生きる儒教の「宗教性」は、「生命論としての孝」（祖先崇拝、親への敬愛・子孫の存在という3者の融合）と「宗教的孝」（死の恐怖・不安からの解脱《げだつ》）からなる。この宗教的孝は、日本では仏教が吸収した[14)]。

① 仏壇――儒教における廟《びょう》（祖先の霊をまつる建物）・祠堂《しどう》（祖先の霊をまつる

所）あるいは祖先堂のミニチュア。

② 祖先の位牌《いはい》——空中に浮かぶ祖先の霊を憑《よ》りつかせる神聖な存在。そこに祖霊を招き慰霊《いれい》（死者の霊をなぐさめること）をする。それは儒教である。

③ 仏を崇《あが》める経文《きょうもん》を読みつつ、一方で香《こう》を焚《た》き、まごころ（誠）をこめて祖霊に祈るのは儒教の招魂儀礼である。

(b)「礼教性」

礼教性は、公的・社会的（家族外が中心）・知的性格を有し、知識人・官僚を中心に深化した。

東北アジアの人びとである中国人、朝鮮人、日本人は儒教（慰霊）と仏教（崇仏《すうぶつ》）を混合してきた。以下において、日本人と中国人を対峙的に捉えよう[15)]。

(a) 日本人

日本人は家という共同体を組織として捉える感覚をもつ。同様に、会社という共同体を組織として捉える感覚に移行したとみることができる。会社は異質のものを取り入れ組織として拡大する可能性をもっている。

(b) 中国人

中国人は家を血族の共同体として捉える感覚をもつ。中国人の場合、会社に対しても組織というよりも自分が密接に関わるもの、すなわち血で繋がっているものであり、会社は一族の経営の中小・零細企業が中心であった。

・自然はやさしくもあり、厳しくもある。時には、われわれに海や山の幸《さち》を提供してくれる。しかし、時には、われわれを脅《おびや》かし、命を奪う。近年の自然の反撃力は何と強いことか。自然の猛威の前では人間は何と無力なことか。人工物などは自然の驚異には何と脆《もろ》いことか。自然を支配するなどといったことは言語道断《ごんごどうだん》である。

・われわれ日本人は、伝統的には、自然に寄り添って生活してきた。それは自然から生まれた道教や儒教の影響を多分に受けてきたからであろう。

・儒教では、祖先や父母や子孫が繋がっているという生命論は、人間関係がますます稀薄になりつつある、今日に生きるわれわれにとっては特別な意味をもっている。

注

1 小坂国継著『東洋的な生きかた――無為自然の道』ミネルヴァ書房、二〇〇八年、一頁。
2 同上、二頁。
3 同上、三頁。
4 同上、四頁。
5 同上、四頁。
6 同上、五頁。
7 同上、五頁。一部加筆。
8 同上、六―七頁。一部加筆。
9 同上、一八一―一八二頁。一部加筆修正。
親鸞《しんらん》の自然法爾《じねんほうい》とは人為を加えず、一切の存在におのずから真理にかなっていること、また人為を除いて仏にまかせることである。

道元は禅宗のひとつである曹洞《そうとう》宗を日本にもたらした仏教思想家である。ひたすら坐禅を組むのが成仏《じょうぶつ》の道であり、無限の修行《しゅぎょう》の展開が成仏を意味するという「修証一等」を主張した。道元の「身心脱落」とは身も心も一切の束縛から解放されて絶対的な自由を獲得することを意味する。
10 加地伸行著『儒教とは何か　中公新書９８９』中央公論社、一九九〇年、二〇―二二頁。
11 同上、一九頁。
12 同上、二〇―二二頁。一部加筆修正。
13 同上、二二〇頁、一部加筆修正。
14 同上、二二三―二二四頁。一部加筆修正。
15 同上、二二四、二五〇―二五一頁。

第VII章 未来の創造

未来を創造するのは、夢や希望をもったトップリーダーばかりではない。愛社精神をもったアイディアマンや従業員や消費者かもしれない。当該企業に愛着をもっているすべての人びとが未来の創造主になりえる。

今日では、制度維持を図るばかりではなく、制度改革を積極的に進め、単なる規模拡大ではない結果としての「質的な存続と成長」を求めることが必要である。

制度経営学では行動と文化が研究課題であるが、これらを融合することが必要とされる。本書では、精神センターを構成する信念・信条と価値観、理想や理念、それにもとづく将来ビジョン、それらの実践としてのイノベーショナル経営を通じて、行動と文化を融合させる。

これらのうち信念・信条や価値観に的を絞って考えるならば最高の経営責任としての未来に夢を与え方向づける「道徳準則の創造（創造職能）」が不可欠である。

したがって本章では、継続と変革、企業経営の行動と文化、経営管理責任について取り上げる。

1●継続と変革

P・F・ドラッカーは社会生態学者として、一方で、「継続と安定」の実現と、他方で、「変革と創造」の実現を目指し、これらのバランスの実現を社会と文明の中心的課題として捉えた。「文明の進歩」の2極である①継続と、②変革の相克から生まれたのが「技術」「仕事」「人間組織」であるという[1)]。

(a)「技術」――人間は意識的進化（＝進歩）が可能な唯一の動物である。技術は道具を発明するという、人間行動のひとつである。

(b)「仕事」――仕事は社会や社会秩序やコミュニティを規定する中心的な要因である。社会は「遠大な思想」(倫理・道徳)と「仕事の仕方」という2つの極の間の緊張関係によって成り立っているという。

(c)「人間組織」――人間社会の主要な問題のすべてが、マネジメントされた社会的機関によって取り組まれる「組織社会」が成立したという。

以上の(a)「技術」、(b)「仕事」、(c)「人間組織」について、著者なりの、さらなる詳細な分析を試みたい。

(a)の「技術」に関連して、付け加えておきたい。人間は便利さを求め続けて道具を発明して今日に到っている。これからも人間は便利さを求め発明を続けるのだろうか。それはIT(情報技術)やAI(人工知能)の世界、特に自立型のAI、宇宙産業、軍需産業などを指向しているようである。われわれが地球上で生活する限りにおいて、これ以上の便利さは必要であろうか。まず、「モノ・レベル」で考えてみよう。われわれの生活に密着した安全・安心や生命に関わる技術としては、安全運転サポート・システムや火災を起こさないような給湯機や暖房器具(特に石油ストーブ)などは必要不可欠である。省エネタイプの太陽光発電・蓄電システム・床暖房システム、声に反応して作動してくれるシステム（AI）、老人が安全に生活していることを知らせるような見守りシステム、操作をより簡単にするシステム、見守りロボットなど自立化した生活上の便利さは、これからも求められ、期待されるだろう。

他方、精神的豊かさやストレス解消を目指すようなシステムや組織、さらにネットワークづくりが求められる。仕事や働き方、疫病に対する恐れ、将来の生活への不安などを解消するシステムや制度が期待される。

(b)の「仕事」に関連して、付け加えておきたい。「遠大な思想」とは倫理・道徳であり、人間の在るべき姿を志向しており、夢や希望といった未来へ繋がるイデオロギーであり、社会的に一般化された思想である。

私達にとって「仕事」とは生き甲斐《がい》であり、自分自身の未来を切り開く糧《かて》となるものである。どんな仕事でもいい。自分自身が満足を感じることができるような仕事をすればよい。大切なことは、自分自身にとって仕事の内容がどのような意味をもつかである。意味のある仕事をしているからこそ、苦行《くぎょう》も乗り越えられるのである。仕事は修《しゅ》行《ぎょう》でもあり、喜びでもある。

(c)の「人間組織」に関連して、さらに付け加えたい。わが国では「組織社会」の成立後、二〇〇〇年代初期には「組織間ネットワーク化」が進行していった。それは企業のグループ化や相互共生・相互共創化へと形を進化させている。

社会的な現象の中で、未来に影響を与えるような意味のある事象は定量化しえない。定量化しうるのは過去の事象のみであり、定量化したデータは、過去の経験的延長線上の未来の窓でしかない。

ドラッカーによれば、世界に変革をもたらす特異な事象とは限界的な事象である。この世界に変革をもたらす特異な事象が統計的な事象となった時点で、それは未来や現在に関わる事象ではなく、過去の事象となってしまっている、という[2]。

社会生態学者の仕事は①変化が世の中に与える影響に焦点を合わせ、「継続や維持」と「変革と創造」のバランスを図ることであり、動的な不均衡状態にある社会をつくることである。さらに②実体としての言語を通じて人間を結びつけ、コミュニティをつくり人の交わりをつくることである[3]。

システムとしての社会生態学は、見たり知覚できる総体を扱い、知識を行動のための道具とみなす。さらに社会生態学は価値から自由ではなく、精神という創造物の神聖性を信じる。責任や能力にもとづくオーソリティ（権威）さらに人間の心を信じ尊ぶ[4]。

ここでいう「価値」とは、信念・信条と価値観、道徳、倫理、宗教、理念、将来ビジョンなどである。価値そのものの出発点は主観的なものであるが、時間の経過とともに広がりをもち、客観化され、一般化される特徴をもつ。したがって長きにわたって広く影響をもたらすものである。これらの価値は、夢や希望を意味し、ひとつの文化である。現在のような変革期こそ、人間社会は、もう一度、原点にもどって、じっくりと身の回りや将来について思い巡《めぐ》らすことが必要である。そこでトップリーダーは、自社の経営理念や将来ビジョンについて、じっくり考慮する必要がある。この将来ビジョンを具体的な実践に移すのがイノベーションである。ここに、理想・理念や将来ビジョンといった文化と実践としてのイノベーション、つまり文化と行動が融合されるのである。

2●企業経営の行動と文化

企業経営は時間とともに変化する。したがって企業経営にとって時間の経過や変化（進化や進歩）は基本的概念である。このような時間の経過や変化の概念を基本として、企業経営を⑴行動と⑵文化に分けて考えてみよう。

(1) 行動に関わる側面――科学化、行動科学、文明（科学・技術）、経営管理職能、実践・実際などといった現実的用語に代表される。次の文化の側面、特に将来ビジョンを、実際の行動のレベルにまで引き上げると、イノベーション（経営戦略と戦略的経営）が展開されることになる。

(2) 文化（人類の理想を実現していく精神的活動）に関わる側面――信念、宗教、夢、希望、理想、理念、将来ビジョンなどといった将来に関わる用語に代表される。実際の行動を将来の夢、希望、理想などに向かわせ、方向づけるのが、ここでいう文化の側面である。

(1) 企業経営の行動に関わる側面

C・I・バーナードによれば、協働システムは現実に存在し、変化するものである。この変化する現実的な協働システムを、変化を伴わない一般的・抽象的組織概念に導くのが経営管理組織である。この一般的・抽象的な組織は①共通目的、②貢献意欲、③コミュニケーションの3要素からなる。この一般的・抽象的組織概念は、現実に存在する協働システム（企業、協同組合、教会など）の共通の側面であることから、現実に存在する協働システムの分析手段ともなりえる。このような協働システム、経営管理組織、一般的・抽象的組織との関係は、**図表Ⅶ-1**のようになろう。

現実に存在し変化する協働システムにおける経営管理職能は、次の3つである。つまり①目的と目標の定式化、②貢献意欲の確保と維持、③コミュニケーション・システムの形成と維持である。これらの職能は、静的で一般的・抽象的組織の3要素から導かれたものである。また、これらの職能を遂行するのが経営管理組織である。この経営管理組織が目指すのが静的で一般的・抽象的組織である。その動きは経営管理組織の中心部に向かった矢印で示される（**図表Ⅶ-1**）。中心部に向かうにしたがって、経営管理職能はその達成度を高め、動態的でなくなる。

さらに、これらの職能を方向づけ、規定するものが、次の2つである。

(a)有効性――これは共通目的の達成度を意味する。従業員の満足度である能率が上昇すれば、職場の社会的環境も良くなり、品質や生産性も向上する。ひいてはコスト低減も導く。

(b)能率――これは各個人の満足度を意味する。従業員の満足度が上昇すれば、職場の改善や改良の意識もあがり、愛社精神も高まり、ＱＣサークル活動などの改善活動が実

図表Ⅶ-1　協働システムと経営管理組織と組織の関係図

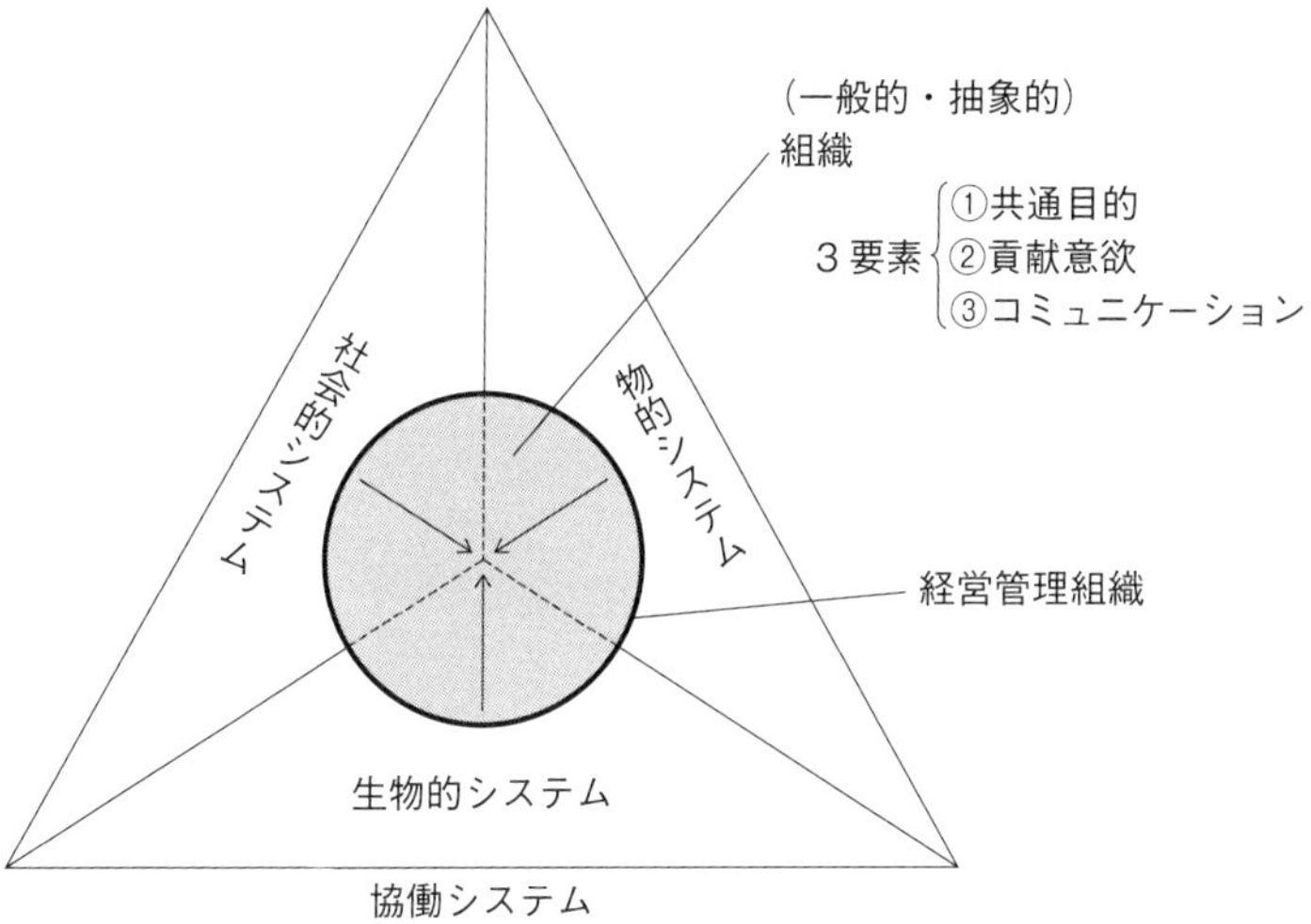

（出所）著者作成。

のあるものとなり、共通目的の達成度である有効性も上昇する。

個人と組織の融合は、それぞれの活動を方向づける「有効性」と「能率」によって達成される。そして協働システム（現存する組織）を「存続と成長」という最終目標の達成へと導く。この最終目標に永続性や未来性を付与するのが、夢や希望、さらに理想を実現する道徳的・倫理的側面である。これは、未来の創造職能であり、将来ビジョンとそれによって導かれるイノベーション（経営戦略と戦略的経営）やリーダーシップを方向づけるものである。「道徳的・創造的職能」は永続性と理想性を付与する。

(2) 企業経営の文化的側面

この「存続と成長」に永続性と理想性を与え、将来を方向づけるものが「道徳的・創造的職能」である。この「道徳的創造性」は経営管理責任の最高の表現である。リーダーシップには、次の2つの側面がある。それは(a)技術的側面と(b)責任の側面である[5]。

(a)技術的側面――ⓐ局部的・個人的・特殊的、ⓑ体力・技能・技術・知覚・知識・記憶・想像力、ⓒ教育・訓練が可能、ⓓ相対的なもの、ⓔ比較的に客観的なもの、ⓕ直接的で、時間と場所によっては非常に変動し、積極的な行為に必要不可欠、ⓖ人から尊敬され、対抗されるものからなる。

(b)責任の側面――人の行動に信頼性と決断力を与え、目的に先見性と理想性を与える性質のもので、ⓐより一般的、より不変的なもの、ⓑ決断力、不屈の精神、耐久力、勇気、ⓒ特定の育成が困難、ⓓより断絶的なもの、ⓔ主観的なもの、ⓕある社会の態度と理想、及びその一般的諸制度を反映するもの、ⓖ尊敬と敬意を集めるものからなる。

後者のリーダーシップの第2の側面である「責任」(responsibility)の側面は人の行動に信頼性と決断力を与え、目的に先見性(foresight)と理想性(ideality)を与える性質をもつ。このうち高い責任の要因は賞罰や報酬とは無関係に働く「深遠な信念」(the deep conviction)である。[6] この深遠な信念とは夢、希望、理想、理念、将来ビジョンなどで構成されるものであり、現実の目的や意思決定に先見性や理想性を付与するものである。

このような責任を議論する際に大切なことは「責任」「道徳」「倫理」を区別することである。

(a)責任とは個々人の行為をコントロールする特定の私的な道徳準則の力《チカラ》である。

(b)道徳(morals)とは個々人の価値観にもとづく「願望・衝動・関心」であり、私的な行動準則である。道徳は個々人の願望、衝動、関心を情緒・感情・内的規制の観点から抑制・コントロール・修正(制限)・強化する傾向がある。[7]

個々人の願望・衝動・関心を方向づける道徳の起源は次のものからなる(**図表Ⅶ-2**)。

(c)倫理とは、特に対人及び対社会との関係において社会的責任や法の遵守といったやるべきこと、やってはならないことを方向づけるものである。これに対し、道徳は、特

図表Ⅶ-2　個々人の願望・衝動・関心を方向づける道徳の起源

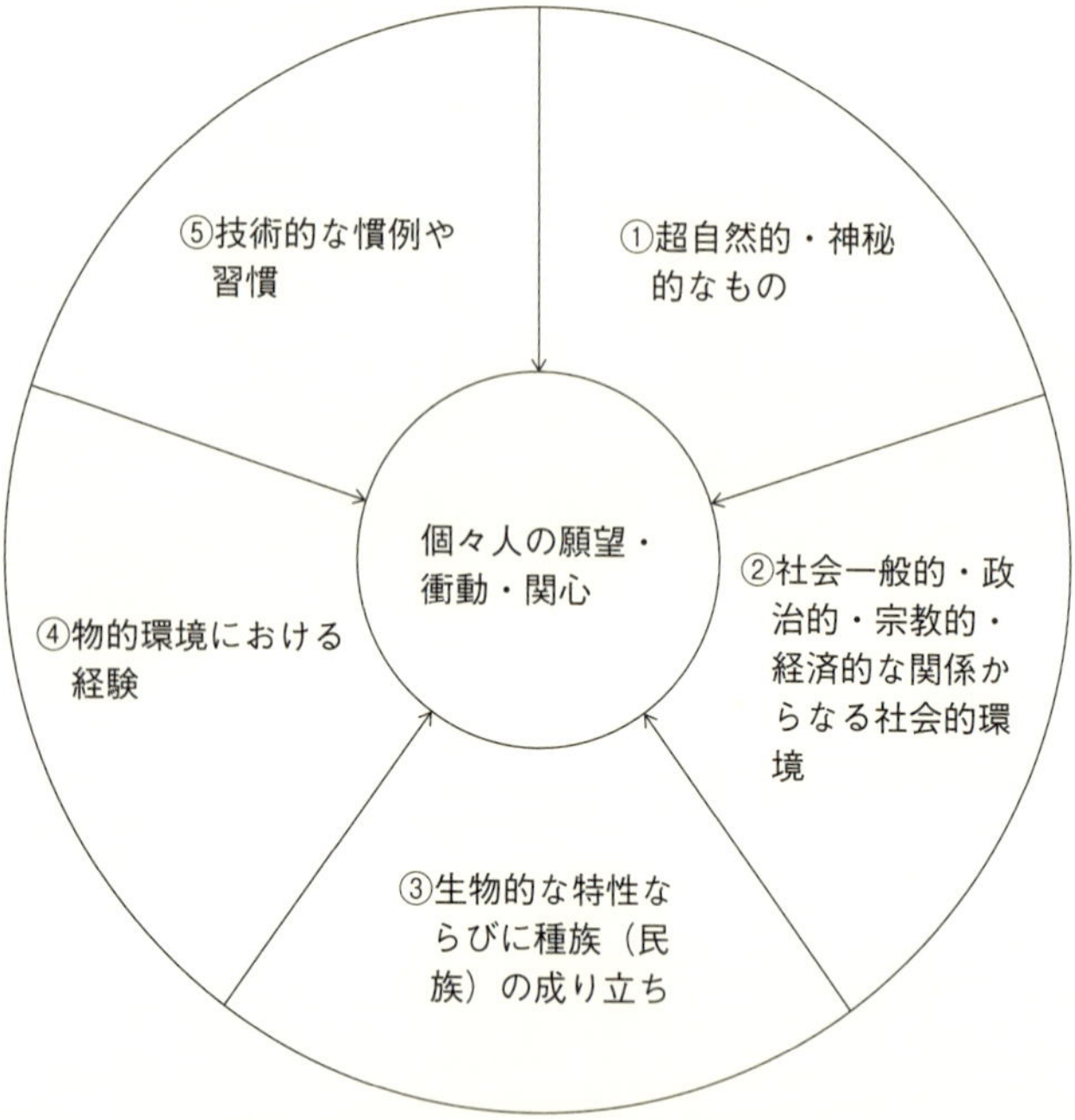

（出所）Chester I. Barnard, *The Functions of the Executive*, Harvard University Press, 1938, p.262（C. I. バーナード著，山本安次郎・田杉競・飯野春樹訳『新訳　経営者の役割』ダイヤモンド社，1968年，273頁）を参考に著者が作成。

に人間として内側から沸き上がるもので、自分の良心にもとづいて善を行い、悪は行わないことである。

3●経営管理責任の2つの側面

前述したように、リーダーシップは技術的側面と責任の側面からなる。責任は人の行動に信頼性と決断力を与え、目的や意思決定に先見性と理想性を付与する。責任は人の行為をコントロールする特定の私的な道徳準則の力である。これに対し道徳は個々人の「願望・衝動・関心」を方向づけるものである。

このような個人的で私的な責任や道徳、さらに対人及び対社会への責任（倫理）を付け加えて議論してきた。本節では、これらの展開としての多くの人びとに共通する社会的・組織的道徳準則について⑴順応と⑵創造という2つの側面から取り上げたい。

⑴　道徳準則への順応

多くの人びとに共通とみなされる道徳は公的準則（public codes）や共通準則

（common codes）といわれる。それは次のような内容からなる。[8)]

① キリスト教・儒教・仏教などから派生あるいは教導される準則
② 国民の責任や義務の意識
③ 営業行為上の「誠実さ」（integrity）
④ 礼儀作法や社会的行為などに関するもの

高い責任能力とは、経営管理者個人の衝動・欲望・関心を道徳準則に沿ってコントロールする能力であり、これは信頼性（dependability）を増幅させる能力である。その職位が高くなればなるほど道徳的な複雑性や責任の範囲が増大する。[9)]

経営管理責任とは、主としてリーダー自身の外部から生ずる態度、理想、希望や夢を反映しつつ、人びとの直接目的やその時代を越える目的達成のために、人びとの意思（wills）を結合するリーダーの責任能力である。

(2) 道徳準則の創造

創造的職能（creative function）は道徳準則の創造であり、リーダーシップの本質であり、そのリーダーの経営管理責任のレベルを反映させる。ここでの道徳性というのは協働の永続性の基盤であり、将来の見通しや長期的目的を方向づけ、未来性を付与する。この道徳性は、本質的には、高遠な理想を意味する。この道徳性の広さは、リーダーシップの特質を表わし、組織の持続性（協働の永続性）を主導する。道徳性が広ければ広いほど、多くの人びとの支持が得られているということである。多くの人びとの支持が得られているということは、それだけ組織の持続性がより長くなるということである[10]。

個々人は、価値観にもとづく願望・衝動・関心、換言すれば個々人の価値観にもとづく信念・信条、夢や希望、理想などをもつ。これらは主観的であり、方向や将来性のベクトルは、多種多様である。しかも時間の経過とともに変動する可能性がある。

組織レベルで考えるならば、人はそれぞれ個人人格をもっており、必ずしも、組織のために貢献しようという意思をもっているとは限らない。そこでひとつにまとめ、方向づけ、将来性を付与する必要がある。従業員や経営管理者をひとつにまとめ、方向づけるのが、リーダーシップの最高の意味である。その内容は、次の4点である[11]。

① 共通目的に共通の意味を与えること。

② 他の誘因を効果的にする誘因を創造すること。

③　変化する環境の中で、無数の意思決定の主観的側面に一貫性を与えること。

④　強い凝集力を生み出す個人的確信を鼓舞すること。

「共通目的」に共通の意味を与えるには、個々人がその共通目的を受容することが前提である。「誘因」とは、これまでは賃金や社会的地位や仲間との交流による安心感といった経済的・社会的誘因が主であった。現在のように賃金の伸びが鈍化し、働く時間の短縮化が進行する中で何に生き甲斐を感じればよいのだろうか。仕事そのものにやり甲斐を感じてもらうのが、とても重要ではないだろうか。「各個人の意思」は時間の経過とともに変動する。それは当然であるが、組織への貢献度を下げたり、組織を離れていくという意思決定をしないとは限らない。そこで組織との関係における各個人の意思決定に一貫性をもたせるために、リーダーによる組織の方向づけや将来性・理想性の付与が必要不可欠である。強い凝集力を生み出す「個人的確信」を鼓舞するには、リーダーは理念や将来ビジョンを繰り返し、組織メンバーに説明し説得し納得してもらい周知徹底することが大切である。

　このようなリーダーの努力によって、組織メンバーをひとつにまとめ、方向づけ、将来性・理想性を付与できる。

同時に、信念・信条や価値観、経営理念や将来ビジョンなどといった文化的・道徳的側面と、将来ビジョンを行動的側面としてのイノベーションとして展開させることによって、経営における文化と行動が融合されるのである。

・リーダーの最高の経営責任は未来を方向づける道徳準則を創造することである。同時に、それを実行に移すことである。

・経営組織に関わるすべての人びと、一人ひとりが未来を創造する責任をもつべきである。経営組織は道徳的な協働システムであることを忘れてはならない。

・リーダーは、信念・信条や価値観、理想や理念、それらにもとづく将来ビジョンを実践していくことが必要不可欠である。そのためには、将来ビジョンをイノベーショナルレベルに進歩させる必要がある。現代のような、変革の時期は、特に夢や希望を単なる夢や希望で終わらせることなく、理念に繋げ、実践的なイノベーションとして活かすことが大切である。

・企業経営レベルで、イノベーションを捉えるならば、われわれの生活に密着した、生活に必要不可欠なモノやコトに焦点を当ててゆっくりと、地に足をつけて考えるべきである。その基準は満足度を高め、精神的豊かさやストレス解消がキーワードとなろう。これからの製品開発のキーポイントである。消費者や顧客に使い方を強いるような製品は、もういらない。このことは便利さの意味すら変えることになろう。ヒトにやさしい製品づくりやサービスの提供がますます求められるだろう。

注

1 P. F. Drucker, *The Ecological Vision—Reflections on the American Condition*, Transaction Publishers, 1993.（上田惇生、佐々木実智男、林正、田代正美訳『すでに起こった未来――変化を読む眼』ダイヤモンド社、一九九四年、三〇三頁、三〇六―三〇七頁。一部加筆修正）。
2 同上、三一六頁。
3 同上、三一九、三二二頁。
4 同上、三三二―三三三頁。
5 Chester, I. Barnard, *The Functions of the Executive*, Harvard University Press, 1938, p.260.（山本安次郎・

田杉競・飯野春樹訳『新訳　経営者の役割』ダイヤモンド社、一九六八年、二七一頁）。

6　Ibid, p.260, p.270, 同上二七一、二八二頁。

7　Ibid, pp.261-263, 同上二七二-二七四頁。ⓐとⓑのみ。

8　Ibid, p.265, 同上二七五頁。一部加筆修正。

9　Ibid, p.274, 同上二八六-二八七頁。

10　Ibid, pp.281-282, 同上二九四-二九五頁。

11　Ibid, p.282, 同上二九五頁。

第VIII章 倫理と将来ビジョン

前章では、企業経営の文化的側面に着目し、「道徳準則の創造」という、最高の経営管理責任について取り上げた。道徳準則は、われわれの行動をひとつの方向へと導くと同時に、目的に先見性や理想性を付与する。この道徳準則は、深遠な信念ともいえる夢や希望、理想、将来ビジョンなどを内包する。

この「道徳準則の創造」という最高経営管理責任を議論する際には、3つの要素を取り上げ、その関連性を明らかにすべきである。①責任そのものは、行動をコントロールする内的で私的な「道徳準則」である。②道徳とは、個々人の価値直観にもとづく願望・衝動・関心を方向づけるもので内的で私的な「行動準則」である。③（狭義の）「倫理」とは、対人・対社会との関係に関わり、社会的責任や法の遵守などを具体的内容とする。これらの3つの要素のうち、①「道徳準則」と②「行動準則」は内的で私的なものである。③の（狭義の）「倫理」は対人的・対社会的なものである。

これに対し、P・F・ドラッカーは、倫理は「道徳準則」と「行動準則」とからなるとされる。倫理はあくまで個々の人間の行動に適用されるもの、つまり「行動準則」であり、「道徳準則」は身分の上下や金持ちも貧者も、強者も弱者も同じように適用されるものであるという[1]。

本章では、この「道徳準則」と「行動準則」を内包する意味での倫理とは、「何」を「どのようにすべきか」を指示するものである。

本章では、倫理と人間の実存、ビジョナリー・カンパニー、ビジョンと組織の一体化について取り上げる。

1 ● 西洋と東洋の倫理と人間

本節では、西洋と東洋の倫理、相互依存の組織における倫理上の問題点、人間の実存の可能性について分析したい。

(1) 西洋と東洋の倫理

「道徳準則」と「行動準則」を内包する倫理は、西洋哲学にもとづくものと、東洋とくに儒教にもとづくものとに分けられる。

(a)西洋哲学にもとづくもので、ひとつの倫理、一組の道徳規範、ひとつの法体系のみが存在し、常に同一のルールが適用される。西洋の倫理つまり今日のアメリカやヨーロッパの倫理では「義務」を負い、かつ「権利」を有する。[2)]

(b)東洋、とくに儒教にもとづく倫理は、多様な人間関係のもとで、ともに働き、ともに生きるあらゆる人間集団に適用されるべきものである。[3)]

儒教の倫理は、儒教における相互依存（調和と信頼）の倫理であり、そこにおける規則は人間間の相互作用を含むすべての人に適用される。つまり上司と部下あるいは主人と従者、父と子、夫と妻、長男と他の兄弟、友人と友人との関係における通則とは、正しい行為、誠実さ、相互依存の関係における真に適切な個人の行為である。誠実さという正しい行為が行われている場合、行為者同士の最大の相互利益が得られる。儒教にもとづく相互依存（調和と信頼）においては「義務」だけが存在する。つまり双方、相手が目的を達成し、自己実現を図るために必要とするものを与える義務をもつ[4]。

(2) 相互依存の組織における倫理上の問題点

儒教の相互依存の倫理からみた組織の倫理上の問題点は次の2点である[5]。

(a)相互依存の倫理で、最も困難で中心的な問題は、「双方的な義務」の範囲である。相互依存関係の世界では、地位や富や権力の違いに左右されない、真の平等を実現するのが「義務の双務性」である。相互依存関係が「支配の関係」にならないためには、この「平等の義務」が不可欠である。

(b)倫理は一人ひとりの「人間」に関する問題であり、人間性に関する問題である。現代社会は、生活の糧・仕事・自己実現が組織において、組織を通じてのみ可能である。そのような社会では、社会も個人も、組織の活動とその誠実さに、ますます多くを依存するようになっていく。

(3) 人間の実存の可能性

人間が実存できるのは精神の世界と社会である。それは精神的実存と社会的実存である。[6)]

(a)精神的実存（孤立的実存）

永遠の領域である精神の世界で実存するのは「個人」のみである。永遠の領域では、個々人の人間は独自の存在である。

これまで議論してきた倫理的概念は、その最高の形態において、「道徳的な高潔さと偉大さ」（道徳準則）をもたらす。

(b)社会的実存

個々の人間は種の一員にすぎず、連綿として続く世代の鎖の中のひとつの環にすぎない。種そのものは、一定時間、独自の生命をもち、独自の属性をもち、独自の目標をもつ。そのメンバーは、この種を通じてのみ実存できる。人間は夫・父・子・隣人・市民として実存する。社会の価値観や信念、報酬などの世界を現実のものとして受け入れる。

われわれ個々人は、一定の時間だけ、この世に生命をもって現われる。われわれは一定の時間しか生きることができない。しかし、父から子、子から孫へと永遠に生命のバトンが渡されていく。血の繋がりは永遠である。

この血の繋がりは生命のバトンタッチであり、この血の繋がりに代わるものが道徳準則である。それは夢や希望であり、信念・信条や価値観であり、理想であり、理念であり、将来ビジョンであり、将来への羅針盤の役割を担う。それは、やがて実行を伴うイノベーショナル経営として展開される。

これまでの議論の展開として、次に、将来ビジョンを中心に取り上げたい。

2●ビジョナリー・カンパニー

ビジョナリー・カンパニーは現実的な理想主義である。「時を刻む時計」に代表されるビジョナリー・カンパニーの重要な要素は基本理念である。この基本理念は基本的価値観と目的意識からなる。このうち「基本的価値観」は、組織のすべての人びとの指針となり、活力を与えるものであり、長い間、ほとんど変わらない。このビジョナリー・カンパニーは、きわめて効率的な企業であるという[7]。

この基本理念と密接に関係するのが、基本理念以外のすべての分野で変化と前進を強く促す「イノベーション（進歩）」である。

したがって、この第2節では、基本理念と精神センター、基本理念とイノベーション（進歩）について取り上げよう。

(1) 基本理念と精神センター

基本理念は「基本的価値観」つまり組織にとって不可欠で不変のイデオロギーであり、信念である。信念は、常に現実の方針、経営手法、目標などに優先させるべきである[8]。

この基本的価値観である信念は、ひとつの文化であり、われわれの理想を実現に導く精神的所産である。組織を入れ物にたとえるならば、その入れ物に一番最初に入れるべきものであり、後《あと》から入れることのできないものである。この基本的価値である信念は、時代の流れや、経済環境や技術環境などにほとんど左右されないものである。

この基本的価値観は「夢や希望、信念・信条や価値観、理想」などといった表現がなされてきた。このような基本的価値観を具体的に表わしたのが「理念」「ビジョン」「イノベーション」である。基本的価値観とそれらを具体的に表わしたものが「精神センター」である。

組織に未来性や理想性を付与する「経営理念」、経営理念を具体的に表わす「将来ビジョン」、この将来ビジョンを実行へと導くのが「イノベーショナル経営（つまり経営戦略と戦略的経営）」である。

(2) 基本理念とイノベーション（進歩）

ビジョナリー・カンパニーの基本理念である「基本的価値観＝信念」はイノベーション（進歩）への飽くなき意欲、つまり基本理念以外のすべての分野で変化と前進を強く促す。このイノベーション（進歩）への飽くなき意欲は、探求し、創造し、発見し、達成し、変化し、向上しようとする人間の奥深い衝動から生まれる。このビジョナリー・カンパニーのイノベーション（進歩）への意欲は、次の2つのアイテムによって構成される。[9]

(a)「強い自信」つまり大胆な目標を掲げ、思いきった冒険をし、時には業界の常識を無視したり、無謀ともいえる戦略を打ち出すこと。

(b)「鋭い自己批判」つまり冷静に自己批判をし、外部の世界から変化や改善を迫られる前に、自ら変化し、改善すること。

「時を刻む時計」の歯車や仕組みは、調和し、強調し合って、基本理念を維持し、イノベーション（進歩）を促す。ビジョナリー・カンパニーの建築家は、戦略、戦術、方針、組織構造、業務方針、目標、計画、能力、生産ライン、報奨システムなど、企業の動きのすべてに一貫性をもたせようと努力している[10]。信念や価値観→理念→将来ビジョン→イノベーショナル経営は、ひとつの一貫した流れであり、あらゆる企業活動に一貫性をもたせることになる。だからこそ、従業員や顧客だけでなく、あらゆる企業の環境構成主体にそうした一貫した考え方を、常に、情報発信することが必要である。

組織を築き、経営している経営幹部や起業家のためのキー・コンセプトは「基本理念」を維持し「イノベーション（進歩）」を促す具体的な仕組みを整えることである。基本理念にもとづく一貫性を達成するための指針は、次の6点である[11]。

① 広範囲に、一貫して、長期的に、全体像を描き、基本理念を強化し、イノベー

ション（進歩）を促していくこと。

② 従業員に強い印象を与え、力強いシグナルを送ること。

③ 一点に集中的に力を注ぐこと。

④ 流行やトレンドに流されずに、自社の基本理念と理想に沿った行動をとること。

⑤ 基本理念からの乖離をもたらしたり、イノベーションを妨げないよう一貫性を達成すること。

⑥ 一般的な原則（基本理念をもつこと、イノベーションへの意欲を維持すること、これらのための一貫性の維持）を継続しながら、新しい方法を編み出すこと。

企業や組織は、その成立時に、信念や価値観といった基本理念が表明される。これは企業にとって大きな重石《おもし》のようなものであり、企業全体に、しかも長期にわたって影響を及ぼすものである。この大きな石は磨けば磨くほど輝きを増し、人々からの注目度も増す。このような大きな重石をもった企業とは、社内の従業員一人ひとりが満足度が高く、明るく自由闊達に交流の輪が広がっているような組織である。

企業が危機に陥った時には、社内一丸となって、危機をむしろチャンスと捉え、その企業の原点である信念や価値観、さらに理念に立ち返り、自分達の活動がどのような形で変化してきたのかを、じっくりと時間をかけ見直すことができる。危機は企業活動を見直す機会であり、飛躍するチャンスでもある。逆に、予定していなかった好業績を上げている時や、理由のない好業績を上げている時なども徹底して、企業の原点に立ち返って自分達の企業活動を見直すことが必要である。また、新しい事業展開や海外展開などを考えている時も、同様に原点に立ち返るべきであろう。時には事業活動をゼロから見直すことも必要な時もあろう。

3●ビジョンと組織の一体化

組織やシステムは、各部分の寄せ集めではなく、それ以上のものであるといわれる。それは、各自・各部分の横断的な協力・協働関係があり、そこにシナジー効果が発揮されるからである。ひとつの信念や価値観、ひとつの理念、ひとつの将来ビジョン、ひとつのイノベーション（進歩）という、大きな石（信念や価値観）と柱によって、組織の一体化への道が開かれる。

ここでは、まず将来ビジョンを大きな石にたとえてみよう。

各自の人生にとって「大きな石」となりうるものとは、志、将来の夢、健康、家族との時間、子供、妻または夫、仕事などである[12]。これらの石の要素を、大きいもの、中くらいのもの、小さなものとに分けてみよう。このうち志や将来の夢は理念的なものであるから大きな石といえよう。あとは生活上の要素であるから中くらいの石や小さな石に分類できよう。いずれにせよ、ビンに石を入れる場合、中小の石を先に入れたら、大きな石は永遠に入れることができなくなる。

一人の経営者のもとに結集している場合は、部下達と直接意思疎通《コミュニケーション》を図ることができる。そのリーダーは、部下のやる気《モラール》を引き出し、自分達の仕事は大切な仕事だと思わせてくれる。そこで部下も義務からではなく、自分の意思で働くようになる。このようなリーダーと部下の関係の中では「家族」のような喜びを分かち合い、助け合っていく調和のとれた組織風土があり、会社全体がひとつになって「全速前進！」で前へ進むことができる。この「全速前進！」とは、はっきりした目的をもち、全員が一丸となって、その実現に一生懸命に取り組み、きっと実現できると自分を信じること、つまり将来ビジョンをもつことによって、どんな障害があろうと断固として前進していくことである[13]。

一人の社長が社員との絆《きずな》を形成しており、家族のような一体化が形成されている場合の特徴は、次の7点である。[14)]

① 明確なビジョンをもつこと。
② このビジョンを社員全員が共有すること。
③ あふれんばかりのエネルギーと感動と情熱をもつこと。
④ その会社のビジョンと日々の仕事を正しいと認識すること。
⑤ 世界への貢献ができるという信念をもつこと。
⑥ 強い信頼と尊敬の念で社員同志が結ばれていること。
⑦ 幹部も「上意下達《じょういかたつ》」ではなく進んで社員に責任を分担すること（権限委譲）。

組織における個々人が一体化し、組織と融合していくことによって、未来への力強い力が発揮される。組織の個々人間の関係も相互依存（調和と信頼）関係であるならば、そこには平等な関係が成立しうるし、大きな力が発揮される。組織の中での個々人の自由意思や能力が十分に発揮されることになるだろう。組織全体の問題解決能力や改善活動能力も大いに高まることになるだろう。

ビジョンをもつことによって、組織の個々人が一体化しうる。それは未来への力強いパワーとなって前進する。説得力のあるビジョンを生み出すためには3つの要素が必要とされる。その基本要素は明確な価値観、有意義な目的、未来のイメージである。
以下、それぞれについて取り上げよう。

(1) 明確な価値観――ビジョンの要素1

価値観とは、ある種の特質を好ましいと考える、深い信念や理想のことである。自分にとって何が正しく、何が大切かは、その人の「価値観（values）」によって決まる。私達は価値観を目安にして判断や行動を選択していく[15]。

「なぜ」を説明するのが有意義な目的であり、「いかに」を説明するのが価値観である。つまり「価値観」は目的達成への道筋を示すものであり、目的を達成するために、日々どのように行動すればよいか、を教えてくれるものである。つまり、全人格的な発達を支援することである[16]。

さらに、価値観は、次のような意味内容をもつ[17]。

① 価値観とは、目的を達成するプロセスや行動方法を提示する、ゆるやかなガイドラインである。

② 価値観とは、自分は何を基準にして、どのように生きていくか、という問に答えるものである。

③ 価値の内容を具体的に明らかにすれば、どんな行動をとれば価値観を実践できるかがわかる。

④ 価値観は常に行動を伴うものである。

⑤ メンバー一人ひとりの価値観と、組織の価値観とを一致させなければならない。「企業倫理・人と人との繋がり・成功」の3つに関する価値観を実現するには、社員全員が「わが社の価値観」にもとづいて行動することが必要である。

(2) 有意義な目的——ビジョンの要素2

ここでいう有意義な目的というのは、わが社は「誰」のために、「何」をなすべきかの答えである。

有意義な目的とは、次の5つの要素によって構成される[18)]。

① 組織の存在意義、つまりあなたの会社は「なぜ」必要なのかに答えるもの。

② 有意義な目的とは、あなたの会社の事業を「なぜ」やっているのかに答えるも

の。

③ 有意義な目的とは、顧客が真に求めているもの、つまりその組織の「真の使命」とは何かに答えるもの。

④ 有意義な目的とは、深遠で崇高な目的、すなわち社員の意欲をかきたて、やる気《モラール》を起こさせるようなもの。

⑤ 有意義な目的とは、「心」に訴えかけるような意味の込められているステートメント（声明）を含んでいるもの。

(3) 未来のイメージ――ビジョンの要素3

未来のイメージとは、次の3つの意味内容を含む[19]。

① 未来のイメージとは、最終結果のはっきりと思い描けるイメージである。

② つくり出したいものに焦点をおいたものである。

③ 最終結果に到達するプロセスではなく、最終結果そのものに焦点をおいたものである。

未来のイメージは描くだけではなく、その未来のイメージを、従業員や顧客だけでなく、自社を取り巻く支持者に訴えかけ、説得し、理解してもらう必要がある。そのためには「説得力」のあるビジョンを生み出す必要がある。

説得力のあるビジョンを生み出すには、これまで取り上げたように(1)明確な価値観、(2)有意義な目的、(3)未来のイメージという3つの要素が必要である。つまり、自分は何者で、何を目指し、何を基準に進んでいくのかを理解することである。

このような説得力のあるビジョンをつくるには、次のような条件を満たす必要がある[20]。

① 自分達の使命を明確にできているか。
② 日々の決断の指針となるようなものか。
③ 目指すべき未来が見えるように描けているか。
④ 永続性をもっているか。
⑤ 崇高な内容（高遠な理想）をもっているか。
⑥ 人びとに活気を与えられるものか。
⑦ すべての人びとの心と精神に影響を与えうるか。
⑧ すべての人びとに、自分の役割を自覚させうるか。

このような説得力のあるビジョンをつくるには、リーダー自身の自覚が必要である。つまり、誰のために生きるのか、自分はどんな人間を目指すのかを明らかにできる人こそ、すぐれた指導者たりうる。

さらに、将来のビジョンを現実的に確かなものにするには次の3つのプロセスを経る必要がある[21]。

① ビジョン創造のプロセス、つまり現実を徹底的に直視し、将来の夢や希望を創造すること。

② ビジョンのコミュニケーション（意思疎通）プロセス、つまりビジョンづくりは現在進行形なので絶えず語り合い、説得し、相互理解を深めること。

③ ビジョン実践のプロセス、つまりビジョンを支える習慣や行動パターンの組織構造を形成しておくこと。

某社の社長は次のように締めくくっている。「リーダーとして私が大切にしたいのは、ビジョンを推進すること、そしてみんながそのビジョンを見失わないように助けることである。私の仕事は、皆さんが仕事に打ち込めるように補佐すること、つまり従業員の皆さんに奉仕すること、そのことを通してお客様に奉仕することである[22]」。企業は、従業員と顧客に奉仕することが基本理念である。リーダーの役割もここに収斂《しゅうれん》される。

・儒教の倫理は相互依存・相互扶助の倫理であり、平等の義務を負う。これに対し、西洋の倫理では、人びとは義務を負うと同時に権利も有する。
・人間は精神的実存・孤立的実存であると同時に、社会的実存でもある。社会的実存とは、人間は連綿と続く世代の一員にすぎないということである。
・未来を創造するビジョンにもとづいてつくられたのがビジョナリー・カンパニーである。この将来のビジョンは信念や価値観、理念をもとにつくられたものである。このビジョンは組織を一体化し、方向づけ、イノベーションを導く役割をもつ。
・すぐれたリーダーは、明確で説得力のあるビジョン、つまり明確な価値観・有意義な目的・未来のイメージを創造し、説明し、納得してもらえるよう説得すべきである。

・明日を創るリーダーは、過去に学び、未来に備え、今を生きるべきである。そしてビジョンにもとづいて未来を生き抜くべきである。
・リーダーのもと、支持者を増やすには、組織の理念や将来のビジョンを理解してもらい、受容してもらうことがポイントである。最終的には、特に従業員や顧客一人ひとりに満足してもらうことが重要である。それによって初めて、組織や社会が継続的に繋《つな》がっていくのである。

注
1 P. F. Drucker, *The Ecological Vision —— Reflections on the American Condition*, Transaction Publishers, 1993.（P・F・ドラッカー著、上田惇生・佐々木実智男・林正・田代正美訳『すでに起こった未来——変化を読む眼』ダイヤモンド社、一九九四年、一三七頁。
2 前掲書、一三五－一五二頁。
3 前掲書、一二九頁。
4 前掲書、一五二－一五三、一五六頁。
5 前掲書、一五九－一六一頁。
6 前掲書、二八〇－二八二、二九〇頁。

7 James C. Collins & Jerry I. Porras, *Built to Last*, 1994.（ジェームズ・C・コリンズ&ジェリー・I・ポラス著、山岡洋一訳『ビジョナリー・カンパニー――時代を超える生存の原則』日経BP出版センター、一九九五年、七九頁。

8 前掲書、一一九―一二二頁。

9 前掲書、一三六、一三九頁。一部加筆修正。

10 前掲書、一四三頁。

11 前掲書、一四四、三六一―三六八頁。一部加筆修正。

12 Ken Blanchard and Jesse Stoner, *Full Steam Ahead!* Berrett-Koehler Publishers, 2003.（ケン・ブランチャード&ジェシー・ストーナー著、田辺希久子訳『ザ・ビジョン―進むべき道は見えているか』ダイヤモンド社、二〇〇四年、二〇頁）。

13 前掲書、二六―二〇頁。

14 前掲書、三一―三二頁。

15 前掲書、七六頁。

16 前掲書、七六、八一頁。

17 前掲書、八一、八四頁。

18 前掲書、五〇。一部加筆修正。

19 前掲書、一〇〇頁。

20 前掲書、一〇五―一〇六頁。一部加筆修正。

21 前掲書、一五九、一六五、一六八頁。

22 前掲書、一七七頁。

あとがき

本書は、多くの人びとが、今日、なぜ満足感や幸福感を味わうことができないのか、といった答えを見つける船旅への誘《いざな》いである。私達は、何を将来の目標として生きていけばよいのだろうか。私達が生きていくための羅針盤とはどんなものだろうか。

それは私達が心の奥にもつ信念・信条および価値観を出発点とする。将来を方向づける夢や希望は「理想」といったひとつの塊《かたまり》として提示される。これらの理想や理念は、やりたいこと、やるべきこと、やらなければならないこと、やってはならないことを表わしたものである。言いかえれば、それは、その道徳準則を設定することであり、その内にキリスト教の経典、道教・儒教や仏教の経典が入り込む余地がある。ということは、理想や理念は個々人ばかりか、国や地域によって違いがあり、多様性をもつことになる。同時に、組織や社会システムにおいても、それぞれ違いがあることになる。それはその組織や社会システムの個性となって表出し、それぞれの個性が特徴という強みとなって、他者との違いとなって表われる。

これらの理想や理念は将来を方向づける道徳準則の創造職能の遂行を促《うなが》す。同時に、将来ビジョンやその具体化としてイノベーション（経営戦略・戦略的経営）を導き出す。イノベーションは文化と行動を繋げるピンの役割を担う。理想や理念さらに将来ビジョンは、イノベーションとして実践されてこそ、意味がある。そうでなければ、理想や理念、さらに将来ビジョンは、単なる絵に描いた餅にすぎないことになる。

これらの一貫した流れは、組織や社会システムに一貫性をもたせるとともに、組織や社会システムの源流を形成する。理想→理念→将来ビジョン→イノベーショナル経営は、組織や社会システムの礎《いしずえ》であるとともに、支柱であり、羅針盤の役割を担う。

国際社会は、戦後、政治・経済レベルで、大きく2分化が進行しつつあった。東西の政治的対立や南北の経済的対立が激しく、大きく揺れ動いていた。東西対立は、アメリカをリーダーとする西側諸国とソ連（ロシア）をリーダーとする東側諸国とに分けられた。そこでは力による圧政が到る所で見られた。他方、南北対立は、概《おおむ》ね北の先進諸国、概ね南の発展途上国という分類がなされてきた。資本主義・自由主義経済を守ろうとする国々の多くはアメリカを支持してきた。防衛についてもしかりである。社会主義・共産主義を標榜する国々は政治・経済の面だけでなく防衛の面でもソ連の支配下に置かれてきた。このような東西対立を終焉させたのが、ミハイル・セルゲーエヴィチ・ゴルバチョフ（一九三一〜）である。しかし、ソ連はロシアに変わり、強いロシアづくりの道を再び歩み、特に経済力の取り込みに力を注いでいる。中国との関係強化にも力を入れている。中国は「一帯一路」政策を主軸に、集権的経済力・軍事力に力を注いでいる。中国は今や、世界の二大大国のひとつとしての地位を固めている。

他方、アメリカは自国第一主義を強め、アメリカ中心主義を強めつつある。かつての同盟国との関係も薄まりつつある。アメリカ自身、手足を引っ込めるとともに、国内の政治的対立を激化させている。国民の2極化も進んでいる。国際機関からの脱退や不関与が目立つ。ロシアや中国との経済的・政治的対立も再び激化しつつある。ロシアや中国は国内的には集権化が進んでおり、政治・経済・軍事の一体化と同時に支配圏の拡大を画策している。

同様に、イギリスは政治・経済同盟のEUからの脱退を表明した。国民の意向を取り入れたポピュリズムの結果、その国民の意向が政治の足枷《あしかせ》となってしまった。二者択一の極端な考え方が、このような結果を招いたのである。政治は本来、民意を反映したものが理想であるが、未来図を描かず、十分な内容も説明せず、情報公開もせず、二者択一を求めた結果、これまで何年もかけて築いてきた制度やネットワークが瓦解し始めたようだ。民主主義の基本は相手に内容を説明し、説得し、納得してもらうことから始まる。

今日の政治家や経営者といったリーダーは将来のビジョンやイノベーションを説明しているだろうか。「知らない」「分からない」「記憶にない」という言葉を聞くたびに、脱力感すら覚える。国民や組織メンバーに夢や希望を与えられない者は、リーダーの資格はない。常に理想や理念に立ち返らないリーダーは、真のリーダーではない。わが国は、今や原点に返って、もう一度根本から見直すべきである。それにしても、末端の議論ばかりでは、この国には真のリーダーは育たない。理念という根のある議論がしたいものである。今の社会は根なし草がどんどん増えている。

現代社会は対立が激化している。このような状況からは何も生まれない。極端な対立は相互不信を生み出すだけである。対立から脱却し、協力・共生・共創を生み出せないものだろうか。二者択一ではなく、第3の思想である中庸思想が確立できないだろうか。

これらの動きをリードできるのは、片寄りのない幅広い知識と先を体系的に見る眼が大切である。同時に、理想→理念→将来ビジョン→イノベーショナル経営（経営戦略と戦略的経営）といった礎と一貫性が必要不可欠である。このような条件を備えた人は、リーダーになることができる。リーダーは地位ではない。実態である。

現代社会の動きは、方向も定まらず、思想や国家間関係も多様で複雑に絡《から》み合っており、その糸口さえ見つけられない。問題を解決するには、糸の絡みを見える化する必要がある。そのためには広い基礎知識と多様な知恵が必要である。

現在は、多様で複雑な社会であるからこそ、礎となる理念と一貫した支柱が必要であり、そのような羅針盤があれば方向性を見失わずに大海原を航海できる。

また多様で複雑な社会で生き抜くには、多様な考え方を容認する「民主資本主義」が重要となろう。一人ひとりが個性をもち、それぞれ多様な能力をもち、それぞれの多様な能力を活かす引き出しを用意しておくべきである。

人間には、実に、さまざまな生き方が許容されている。だからこそ自由な民主主義社会は進化するのである。西洋的な生き方や東洋的な生き方、キリスト教的な生き方、道教や儒教的・仏教的な生き方、日本的な生き方、どのような生き方をするかは、個々人の自由である。生き方を自由に選べるということは、どんなにすばらしいことか。われわれの住む社会は、実に、多様である。その多様性こそが、進化の基本的要件である。多様であるということは多様な価値観、多様な考え方・やり方を容認するということである。そこに多様な人材が育つことになる。

もし、このような多様性を、無理矢理統一化したり画一化すれば、その時点で進化はストップし、次のステップに必要な新しいものは生まれなくなる。時としてリーダーは自分の取り巻きを統一化の方向や、自分と同じ考え方にはめ込もうとする。その時点でイエスマンしかいなくなり、その組織や社会システム自体、多様性や変化性、ダイナミック性が失われ、活力が失われ、イノベーション能力が低下する。

一方で、組織や社会システムは、多様であることによって、組織活力を生み、変化性を高める。他方、このような多様性を束ねる必要がある。それが、理念を礎とした一貫性である。それは、個々人に説明し、説得し、納得してもらうことが必要である。そうでなければ強制になってしまう。ここに「個々人の多様性」と、それらを束ねる「理念と一貫性」とが繋がることになる。

組織や社会システムの将来の進むべき道、やるべきこと、やってはならないことを決めるのが、トップリーダーの創造的職能である。明日を創造するのは、すべての現代人の義務であり、責任である。

二〇一九年七月吉日

相模原の自宅にて

▨ 著者紹介

池内　守厚（いけうち　もりあつ）

1950年　高知県に生まれる
1978年　駒澤大学大学院商学研究科博士課程単位取得
1979年　日本経済短期大学（現亜細亜大学短期大学部）助手となり，講師，助教授を経て
1986年　関東学院大学経済学部経営学科助教授
1993年　同年8月1日から1994年7月31日まで台湾・東海大学（TUNGHAI Univ.）工學院工業工程學系客座副教授，「日本式管理」担当
1996年　関東学院大学経済学部経営学科教授
1997年　同大学大学院経済学研究科（博士前期課程）経営学専攻教授
1999年　2005年まで工業経営研究学会理事
2002年　同大学大学院経済学研究科（博士後期課程）経営学専攻教授
2016年　同大学経済学部特約教授
2017年　同大学経営学部（新設）特約教授

主要著書　『企業進化と創造的経営』（中央経済社，1993年）
『工業経営の進化と経営デモクラシー』（中央経済社，1998年）
『トップ・リーダーの役割―企業進化とネットワーク経営』（白桃書房，2002年，工業経営研究学会2004年学会賞受賞）
『ビジネス社会の未来』（白桃書房，2011年）
『現代トップリーダーとイノベーション』（白桃書房，2012年）
『ものづくりは人づくり』（白桃書房，2014年）

共著　『バーナード理論と労働の人間化』（税務経理協会，1997年）
『経営管理の思想と理論―企業，システム，持続可能性』（税務経理協会，2009年）

▨ 満足《まんぞく》する人間社会《にんげんしゃかい》の創造《そうぞう》

▨発行日 ―― 2019年11月6日　初版発行　〈検印省略〉

▨著　者 ―― 池内《いけうち》　守厚《もりあつ》

▨発行者 ―― 大矢栄一郎

▨発行所 ―― 株式会社　白桃書房《はくとうしょぼう》

〒101-0021　東京都千代田区外神田5-1-15
☎03-3836-4781　Ⓕ03-3836-9370　振替00100-4-20192
http://www.hakutou.co.jp/

▨印刷・製本 ―― 藤原印刷

ISBN 978-4-561-25738-7　C3034